Library of
Davidson College

ENCUESTA POLÍTICA: MÉXICO   #3   POLITICAL INQUIRY: MEXICO

MANUEL MORENO SÁNCHEZ

MÉXICO: 1968–1972

Crisis y perspectiva

—ENSAYO—

INSTITUTE OF LATIN AMERICAN STUDIES
THE UNIVERSITY OF TEXAS AT AUSTIN
AUSTIN   *   1973

INSTITUTE OF LATIN AMERICAN STUDIES

William P. Glade, Director   Karl M. Schmitt, Associate Director

ENCUESTA POLÍTICA: MÉXICO SERIES:

1. Daniel Cosío Villegas EL SISTEMA POLÍTICO MEXICANO; Las posibilidades de cambio
2. William P. Glade & Stanley R. Ross, eds. CRÍTICAS DEL SISTEMA POLÍTICO MEXICANO
3. Manuel Moreno Sánchez MÉXICO: 1968–1972; Crisis y perspectiva
4. Miguel Alemán V. HISTORIA DEL SISTEMA POLÍTICO MEXICANO

Portada y diseño: *Mauricio Charpenel*
Library of Congress
Catalogue Card Number: 72–96196
International Standard Book Number: 1-292-75009-9

Printed by the University
Printing Division of the University
of Texas at Austin

© Copyright *Institute of Latin American Studies,
The University of Texas at Austin.* All rights reserved.

Encuesta Política: México
Political Inquiry: Mexico

These *folletos* represent one of the results of a series of seminars sponsored by the Institute of Latin American Studies to further understanding of the ways, means and problems of achieving a democratic —responsive and enjoying the support of the governed—political system in developing societies. A group of distinguished Mexicans—political leaders and intellectuals, supporters and critics of the Mexican political system—were invited to participate in a two or three-day seminar with faculty and advanced students of the University of Texas at Austin.

Each visitor set the conditions of his sessions; several making formal presentations which were discussed while another preferred a question and answer format. The visitors were invited to discuss the historical origins, structure and functioning, present problems and future prospects of the Mexican political system. The sessions were taped, and the records of the sessions are available at the Institute of Latin American Studies for consultation by researchers. Subsequently, those who were willing to undertake the assignment were commissioned to prepare an essay for publication based on the seminar experience.

The Mexican Political Inquiry was made possible by a grant from The Ford Foundation. Hopefully, it might serve as a pilot program on the political analysis of other key Latin American nations. Mexico was logical for such a pilot undertaking with its long-term political stability and the development of its official party and its sectoral components. Well-publicized developments since 1968 seemed to challenge some of the basic assumptions about the Mexican political system which suggested the need for thoughtful re-examination of these. Publication of this series of essays has been made possible by the aforementioned assistance of The Ford Foundation, by a supplementary grant from the Graduate School of the University of Texas at Austin, and by the Publications Program of the Institute of Latin American Studies.

STANLEY R. ROSS
Provost
The University of Texas at Austin

Lic. Manuel Moreno Sánchez

Breve Semblanza

MANUEL MORENO SANCHEZ nació en Aguascalientes, México. Siendo niño, en medio de la lucha revolucionaria, abandonó su ciudad natal y se radicó en la Ciudad de México, donde estudió hasta alcanzar la licenciatura en derecho en la Universidad Nacional. Muy joven se adhirió al movimiento político encabezado por José Vasconcelos y acompañó a éste por diversos lugares del país en su gira política. Desde sus años finales de estudiante y después de recibido fue profesor en la Universidad Nacional y posteriormente en la de San Nicolás, en Morelia, y en la de San Luis Potosí. Ocupó en diversas épocas cargos judiciales como Magistrado del Supremo Tribunal en Michoacán y en el Distrito Federal. Fue Diputado federal y posteriormente Senador de la República, habiendo ocupado en el sexenio del Presidente López Mateos la posición de líder del Senado. Viajó en misión oficial por Sudamérica, Europa occidental y oriental, Asia y Africa. En distintas épocas ha ejercido el periodismo político.

Nota Preliminar

EN 1970 tomé parte en un seminario dentro del Instituto de Estudios Latinoamericanos de la Universidad de Texas, en Austin, en el que se expresaron diversas opiniones sobre el estado de la democracia en América Latina. Yo me referí a mi país. Con las notas que entonces elaboré, dí forma al ensayo publicado ese mismo año con el título de CRISIS POLÍTICA DE MÉXICO.

En esta ocasión he resumido aquellas ideas y ampliado mis opiniones, considerando la actuación del nuevo gobierno nacional que comenzó a fines de 1970.

Divido este trabajo en dos partes. La primera reitera mis ideas sobre las circunstancias político-económicas que han llevado a México a su crisis actual. En la segunda me refiero a la política seguida por el régimen gubernamental desde 1970, en la perspectiva futura del país, tal como a mí se me ofrece.

Agradezco muy especialmente al Dr. Stanley Ross, el interés que ha puesto en mi participación dentro de esta encuesta.

MANUEL MORENO SÁNCHEZ
Ocoyoacac, Mex., Verano de 1972

Sumario

I. LA CRISIS 1
1. El Desarrollo Centralizado.
2. El PNR-PRM-PRI Instrumento Centralizador.
3. Simbiosis y PRI-Gobierno.
4. La Oligarquía Mexicana.
5. Las Deformaciones del Crecimiento.
6. La Actitud Crítica.

II. LA PERSPECTIVA 28
1. El Círculo Vicioso.
2. Tentaleos y Vacilaciones.
3. Atonía y Reajuste.
4. Actitudes Contradictorias.
5. Nuestro Modelo de Desarrollo.
6. Crecen las Tensiones.

I. La Crisis

1. *El Desarrollo Centralizado*

EL MODERNO desarrollo económico de México, se reinició a partir de los años veintes guiado por el gobierno federal y subrayando la dirección centralizada que tenía desde un principio. A lo largo del proceso se ha producido una concentración generalizada de sus resultados y se han creado los problemas en que actualmente se debate el país.

Al disminuír la violencia militar, se reencauzó el desarrollo comenzando por centralizar las actividades políticas. El Partido Nacional Revolucionario (PNR), fue el instrumento más destacado para lograr esa centralización y pronto se convirtió en modelo para otras instituciones mexicanas. Dentro de ese proceso, fueron destruídas o abatidas las fuerzas políticas regionales que participaban en acciones y contradicciones dentro del acontecer nacional. Así, el poder político en México ha culminado en la determinante actividad de un núcleo central de decisiones y de un hombre todo poderoso en cada período presidencial. El Partido (PNR-PRM-PRI) depende ahora en forma completa de un mando central, que a su vez obedece a un jefe único, que es el presidente de la República.

Un instituto político que actúa como partido único y un presidente de la República que obra como jefe supremo a la vez del partido y del gobierno, es la expresión de la centralización político-administrativa que presenta la primordial estructura de nuestro país. El presidente designa a los funcionarios de la administración federal, y les indica las direcciones y límites de su actuación, aún por encima de las atribuciones legales de cada uno; señala también a los que deben ser postulados como candidatos para integrar los poderes legislativo y judicial de la Federación, los gobiernos locales y aún los municipales. A esa planta de funcionarios gubernamentales, se ha agregado otra en crecimiento constante: la de los dirigentes de los organismos descentralizados y de las empresas de participación estatal. Todo ese impresionante conjunto de funcionarios y empleados de distintos niveles, categorías, facultades o atribuciones, depende del presidente de la República: él los nombra, los remueve, los postula, los promueve, les ordena y les determina los medios políticos, económicos y sociales que pueden emplear.

El proceso centralizador de la vida política, social y económica mexicana no se plasmó de una buena vez tal como ahora se nos presenta. Es fruto de varias décadas anteriores y posteriores a la Revolución de 1910 y se ha ido perfeccionando conforme a su dirección original. Abarcó primeramente lo político y ha producido después la concentración económica en pocas manos, en contados lugares y en algunas actividades solamente; ha dado lugar a formas de polarización que producen graves desigualdades sociales.

El sistema centralizado que en lo general nos rige, es la más clara expresión de nuestro crecimiento. En los últimos años se ha convertido en un obstáculo para generalizar el desarrollo económico y para distribuír sus frutos entre los sectores de la población. Unos cuantos polos presentan en el país desarrollo apreciable; unas cuantas ciudades pueden pasar por serlo, pues otras sólo son conglomerados que no alcanzan la calidad de lo urbano y en cuyo seno se producen los peores niveles de pobreza, aunque atraigan a la población rural sin ofrecerle trabajo, urbanidad, cultura y las condiciones de vida que se consideran civilizadas.

Ya el gobierno del general Calles, había creado instituciones para reimpulsar el desarrollo nacional, dentro de la tendencia centralizadora. Cárdenas institucionalizó definitivamente las formas para que cada presidente designara a su sucesor; a partir de su época el sistema centralista alcanzó notables progresos. El proceso centralizador no ha cesado de avanzar. Ahora nuestro sistema puede producir un presidente con mayor poder objetivo, sin que en ello intervengan sus cualidades y dotes personales para la acción gubernativa. Al ocupar el cargo, cada presidente asume las funciones y emplea las fuerzas que se han acumulado alrededor de la investidura. Nuestros presidentes son siempre hombres real y tangiblemente poderosos, aunque no sean líderes nacionales auténticos. A veces, después de electos gastan muchos recursos y tiempo en ganar popularidad y el voto nacional de la ciudadanía. Cuando dejan su puesto, vuelven a ser ciudadanos cuya debilidad política ofrece un notable contraste con la fuerza que ejercieron.

El instituto político PNR-PRM-PRI, es el fruto mejor logrado de la centralización del poder, aunque existan otros que, juntamente con él, robustecen la posición del gobierno y del presidente. Muchas instituciones económicas y sociales de nuestro medio han tomado caracteres semejantes a los del instituto político: concentración de autoridad, jerarquización agudizada y germinación de variadas formas antidemocráticas.

Como ya se apuntó, al triunfar la revolución armada se comenzó la centralización primero militarmente, con el pretexto del mando único; luego, políticamente, por la razón de que los revolucionarios deberían dirimir sus contiendas dentro de un solo organismo que los envolviera, y, por fin, administrativa y económicamente, con la mira de hacer posible la obra revolucionaria en toda la extensión del país.

Con el nombre de "federalización" en realidad se han centralizado la inversión y el gasto, los planes de obras grandes y pequeñas, y las posibilidades de acción gubernativa. Algunas instituciones importantes para el desarrollo nacieron bajo el signo "federal", es decir, centralizadas, limitando la competencia de los estados y de los municipios o pasando simplemente por encima de su actividad. Hasta cuando se concede a éstos participación en impuestos federales o federalizados y en otras ramas de la administración, se hace por medio de organismos en los que la autoridad federal está presente. Juntas y comisiones mixtas, órganos de cooperación y otros de distintas denominaciones, han sido ideados para preservar la intervención federal en los ámbitos teóricamente propios de estados y municipios. Al parecer, mientras más federalista y liberal se ha presentado un régimen político en las décadas postrevolucionarias, ha tendido más a la centralización de las actividades en manos del gobierno federal; y dentro de éste, en el presidente de la República; y en cuanto a ubicación, en la capital del país.

2. El PNR-PRM-PRI, Instrumento Centralizador

El PNR nació como una organización ajustada al modelo de un partido político. Muchos de sus elementos los ha ido perdiendo hasta convertirse en lo que hoy es, expresado en palabras de sus elevados dirigentes e ideólogos: el Instituto Político de la Revolución Mexicana.

Ciertamente es un instituto y no un partido. En igual sentido se dice de nuestro ejército que es el instituto armado de la revolución mexicana; y en la misma forma se habla del IMSS, como instituto mexicano de seguridad social; de Pemex, como instituto nacional del petróleo o del Banco de México, como instituto financiero del país, y de otros institutos e instituciones ligadas íntimamente con el aparato estatal, aunque gocen de alguna autonomía o revistan formas de descentralización administrativa. En el caso a que me refiero, no es únicamente una cuestión de palabras sino de realidades dentro de la estructura gubernamental mexicana.

Instituto o institución oficial, el PNR-PRM-PRI posee varios caracteres que presentan los organismos descentralizados, conforme a la legislación mexicana. El presidente del PNR-PRM-PRI ha sido y es un funcionario que aparentemente lo dirige, pero acuerda con el jefe verdadero todo lo relativo a su funcionamiento, a la designación de candidatos y a la planeación de las campañas electorales. Así se impone en nuestra vida política el dominio centralizado que ejerce, por su conducto, el presidente de la República. Este es quien todo lo ordena.

De manera similar a como dicta acuerdos a los secretarios de su gabinete o a los directores de los organismos o empresas descentralizadas, independientemente de los consejos de administración o de los comités directivos, el presidente de la República ordena dentro del instituto político PNR-PRM-PRI. El líder aparente recibe órdenes presidenciales que ejecuta haciendo intervenir, en forma mecánica y pasiva, a los órganos que lo deberían gobernar conforme a los estatutos. Basta con que les informe lo que desea y manda el señor presidente, para que procedan obedeciendo. Al dirigente aparente le basta tener abierta la puerta de la oficina presidencial para consultar o sólo estar pendiente para recibir instrucciones. Los órganos del instituto político, su comité nacional ejecutivo, su gran comisión, sus convenciones nacionales o estatales, distritales o municipales, esperan siempre para actuar lo que pueda expresarles el presidente del comité nacional ejecutivo, pues ello revela lo que ha ordenado el presidente de la República, supremo gobernante y jefe político nacional.

Al ser fundado desde arriba, el PNR tenía un sistema de afiliación individual: cada miembro pagaba cuotas para sostenerlo, lo que acabó por recaer sólo sobre los burócratas del orden federal, estatal y municipal convertidos así en víctimas; tenía un programa ideológico y político más o menos definido y una vida interior cercana a la de un régimen democrático. Comenzó como una especie de confederación de grupos revolucionarios locales, carácter que prontamente perdió para convertirse en un organismo dentro del cual dichos grupos fueron diluyendo su existencia. En algunos casos aún subsisten residuos de ellos, aunque sólo sea en siglas, nombres o palabras.

Cuando se convirtió en PRM, en su estructura sectorial influyó más bien un ingenuo funcionalismo y un corporativismo elemental. Conforme a la moda de entonces, parecía conveniente hablar de un partido de campesinos, obreros y soldados. Pero pronto se vió que, en la división semicorporativa de los "sectores", se hallaba otro medio eficiente para centralizar el poder y la actividad política.

El manipuleo de los "sectores" ha permitido repartir las candidaturas para puestos electivos en dimensión nacional, postergando a los intereses locales. Poco ha importado, por ejemplo, que un candidato a diputado "enviado" por el instituto para participar en las elecciones de un distrito, pertenezca al sector popular, obrero o militar, mientras el distrito sea preponderantemente campesino, o a la inversa. El uso de los "sectores" ha sido un magnífico medio para llevar a cabo las designaciones de los candidatos sin tomar en cuenta su situación o ascendiente local, a la manera en que, durante el porfiriato, individuos originarios de una entidad federativa representaban en el Congreso a otra o a una región que ni conocían o con la que no tenían vínculo alguno. En ocasiones la manipulación de los sectores fue criticada como un "paracaidismo" político, pues los candidatos caían sobre los distritos electorales como bajados del cielo, a menudo poco antes de las elecciones. El poder político central encontró en el sistema de los sectores una oportunidad más de dominio mediante el regateo del número de candidatos asignables a cada uno y su distribución en el país. Ese sistema ha acabado por constituir, en el PRI, un simple medio de facilitar la distribución de los políticos secundarios en los cargos electivos conforme a los deseos personales o con la aquiescencia del verdadero jefe del instituto —que lo es el presidente de la República—, y de ese modo también abatir cualquier signo de insurgencia en la política local.

El caso del "sector militar" es muy interesante. Quizás se originó como una previsión para el caso de que la Segunda Guerra Mundial fuera ganada por la Unión Soviética sola, lo que hubiera podido desencadenar una nueva etapa de revolución mundial. En esa eventualidad, México aparecería ya como un país en vías del socialismo, con un partido único integrado por campesinos, obreros y soldados. Avila Camacho, que buscaba ser presidente desde la Secretaría de la Defensa Nacional, en unión de Lombardo Toledano y siguiendo las instrucciones de Cárdenas, dió forma a la inclusión del sector militar en el instituto político. Cuando Avila Camacho llegó a la presidencia de la República y comenzó a perfilarse la derrota del fascismo y el triunfo de la democracia, dictó las medidas para excluir al sector militar. En todo caso, no es más cierta la idea de que la formación del sector militar tenía como finalidad fortalecer políticamente al PRM y consolidar la posición del gobierno de Cárdenas, ante los efectos internos y externos de la expropiación petrolera. La diferencia de fechas entre los dos acontecimientos los separa en el tiempo y en las intenciones. El sector militar fue producto de una idea cuasicorporativista para la que no había materia en nuestra realidad social. En términos generales, la estructura de sectores con afiliación colectiva a través de organizaciones, afectó seriamente al régimen "liberal" de la afiliación ciudadana individual dentro del partido, que según algunos líderes parecía una supervivencia de la sociedad burguesa, ya periclitada.

También como resultado de una inspiración extralógica, si así puede decirse, nació posteriormente la institución de los "diputados de partido". Ha sido en realidad un esfuerzo por disminuír la importancia del sistema electoral de mayoría, en favor de un ensueño de democracia proporcional, lo que ha producido un contrasentido en el progreso político del país.

Cuando se fundó el PNR, como antes se dijo, se establecieron cuotas obligatorias para los empleados del servicio civil, mediante el descuento de un día de sueldo en los meses que tuvieran treinta y un días. Pero la inconformidad y las protestas de los empleados fueron constantes. Atendiéndolas, Cárdenas los liberó de esta carga definitivamente. Ya antes se había excluído de esa obligación a los campesinos; más tarde los miembros del sector militar quedaron exentos de esa cuota desde su origen. Por su parte, los obreros, que a menudo no cubren ni las cuotas sindicales, como varias veces han expresado quejosamente sus líderes, menos contribuirán para el sostenimiento del instituto político.

El apoyo financiero del instituto, a través de las aportaciones de sus miembros, es puramente simbólico. En realidad el régimen gubernamental lo sustenta mediante la applicación de fondos fiscales, cuya proporción es variable cada año, según las necesidades político-electorales, aunque siempre sea desconocida. Los medios para proporcionárselos son diversos.

En la vida interior del instituto político puede estimarse la manera en que progresivamente ha decaído la intervención de sus miembros en los diversos sistemas de elección interna que se han establecido Desde un tipo de elección semejante a las primarias norteamericanas, pasando por el plebiscito, hasta la "auscultación", esos sistemas han implicado siempre un escaso concurso, libre y consciente, de los miembros del instituto.

La débil intervención de la masa, ha sido suplida por una creciente actividad de la burocracia, siempre de arriba a abajo, es decir, del centro a la periferia, del núcleo donde se toman las decisiones hacia la zona donde únicamente se obedecen. En los últimos tiempos, hasta se ha hablado abiertamente de que los sistemas de auscultación que emplea el instituto político le permiten tomar decisiones acertadas sobre la nominación de candidatos, pues su resultado implica una selección más perfecta. Esa auscultación, cualquiera que sea su forma, es abiertamente antidemocrática.

El proceso nacional hacia la centralización ha producido la concentración del poder decisorio en un solo órgano del instituto: el Comité Ejecutivo Nacional. Aunque aparenta ejercer por sí mismo el poder, como antes se dijo, sólo traduce o comunica lo que ha sido determinado desde la altura por su jefe real y verdadero.

Ese proceso ha influído también en lo relativo al programa ideológico del instituto. Al fundarse el PNR se aceptó un programa que era la versión, al nivel de entonces, del ideario de la revolución mexicana. En su primera gran transformación durante la era cardenista, el instituto adoptó una ideología que expresaba la tendencia socializante de la época y de sus dirigentes, que se manifestó en la forma de un plan sexenal. El PRM pudo ostentar como lema la explícita tendencia hacia una democracia de trabajadores, incluyendo el propósito de preparar al país para llegar al socialismo. Pero la reacción posterior fue francamente contraria. En el tiempo de Avila Camacho, y más aún después, la ideología del PRI se inclinó hacia un capitalismo agresivo. Desde entonces, el ideario del instituto ha evolucionado hasta convertirse en algo nebuloso e impreciso, con resabios de desarrollo general, dentro de un régimen de economía mixta, hacia la justicia social y la ampliación de la participación popular en el progreso general del país. A esa imprecisa plataforma se han agregado, con regularidad sexenal, las "tesis" y el ideario personal de cada presidente de la República. Ello prueba, una vez más, cómo se ha centralizado también la ideología política.

Cada vez se hace más difícil que el instituto modifique o renuncie a la centralización. Se mantienen los sectores, pero sólo como instrumento de dominación y de concentración del poder decisorio, alejándose cada vez más de la idea corporativa. En lo relativo a los programas, todo se reduce a expresar carencias y necesidades populares, a acumular peticiones de los grupos o solicitudes de los ciudadanos, sin su adecuada valoración y sin un concepto general y claro del estado de la evolución del país, y sobre todo, sin la evaluación objetiva de la obra realizada y del rumbo que la política nacional ha seguido o va a seguir. Para cada ocasión se formulan declaraciones circunstanciales. Vistas en conjunto, esas declaraciones aparecen contradictorias, vacilantes y sin una estructura ideológica que las haga comprensibles o que las armonice.

En los últimos tiempos los candidatos a los puestos gubernativos superiores no suelen ofrecer al pueblo un programa, sino que emprenden una gira en busca de él. Obran justamente al contrario de lo que sucede en una vida realmente democrática con régimen de partidos. El instituto sostiene que su programa es la Constitución, como si ella no fuera ya patrimonio de todos los mexicanos y como si las interpretaciones que pudieran hacerse de sus normas no aceptaran variantes de importancia para fundamentar programas políticos diversos.

Es claro que la vida y evolución del instituto es sólo un aspecto del proceso que ha seguido la democracia mexicana en lo político. La no reelección del presidente de la República y de los gobernadores de los estados, que era una petición fundamental al iniciarse la Revolución, se hizo extensiva a los senadores y a los diputados federales y locales y a los presidentes municipales. Esta medida ha acrecentado el poder político centralizado. La no reelección inmediata de los diputados y senadores imposibilita la existencia de una carrera congresional. Sin reelección muy pocos individuos alcanzan la oportunidad de convertirse, durante un período legislativo, en figuras populares o en verdaderos políticos. Como su período de ejercicio termina pronto y no hay reelección inmediata, cuando para unos cuantos llega acaso la siguiente oportunidad de ocupar un puesto en las cámaras, se hallan ya interesados en otros aspectos de la vida burocrática u olvidados por los electores. Algunos llegan al Congreso después de una larga prueba de adulación o de sometimiento a la autoridad política suprema. Así, el arraigo popular o la representación democrática que deberían constituir la base de la independencia del legislador, se hallan frustradas de antemano. La disciplina, no hacia el instituto mismo sino hacia quienes lo dirigen, forma eso que equivocadamente se considera un militante ejemplar. Esa militancia, hecha de sometimiento, disciplina y obediencia personal, si no es que de abyección y de elogios temerarios, forma la esencia que origina a los políticos de buen éxito. Por eso se ha vuelto obligatoria para los políticos la veda de no hablar y de procurar obrar siempre en tono menor y sin relieve. Mientras más destacada sea la actuación de algún miembro de las cámaras, más seguro es que esa característica constituirá el primer inconveniente para su continuación de la carrera política. El político difuso, confuso, callado, disciplinado, "agachado", como dice la expresión popular, es el que lleva la delantera para aspirar a otras situaciones, pues ha probado su capacidad de obediencia y de acatamiento.

La no reelección de diputados y senadores ha afectado seriamente la fuerza del Congreso como poder constitucional y la posibilidad de reivindicar su independencia para lograr un nuevo equilibrio frente al poder ejecutivo. Las medidas que en los años sesentas se quisieron tomar para instituir la reelección inmediata, por una sola vez, de los diputados, aunque parecían significar el renacimiento de una carrera parlamentaria, en realidad descargaban sobre la Cámara un peso más para agravar su abatimiento constitucional. Se proponía que los diputados pudieran reelegirse en forma inmediata por una sola ocasión. Esto, en las condiciones actuales, podría haber resultado peor, puesto que el presidente de la República lo es por seis años y los diputados por tres solamente. En cada período presidencial funcionan sucesivamente dos cámaras de diputados, por lo que el presidente de la República tiene que seleccionar dos veces a los diputados de su sexenio y buscar entre ellos al grupo de dirigentes. De ese modo, la proposición que permitía la reelección inmediata por una sola vez iba a beneficiar directamente al presidente de la República, pues contaría así con el acatamiento de las cámaras de diputados durante su sexenio, dirigidas por el mismo grupo pequeño de sus incondicionales. No tendría el presidente ni siquiera el trabajo que ahora tiene de escoger por dos veces a los diputados. Bastaría con que permitiera la reelección de diez o quince diputados escogidos de entre los dirigentes de un trienio, para que la siguiente cámara fuera también guiada por ellos y aún por el mismo líder. De ese modo, en lugar de tener que tratar con dos líderes diferentes le bastaría hacerlo con uno solo durante seis años, tal como sucede dentro del Senado. Cada nuevo presidente seleccionaría sus diputados en realidad para dos períodos de tres años, es decir, para los seis que le tocara gobernar.

Tal reforma reeleccionista no tuvo éxito. La opinión pública, sin discernir, simplemente se atuvo al principio antireeleccionista a secas. Se ha perdido, en la opinión nacional, la razón y origen de la no reelección de los miembros de las cámaras legislativas. Calles, al proponer la no reelección de los legisladores, dijo que el pueblo se había cansado de los mismos hombres. Esa declaración era manifiestamente para ocultar el hecho de que quienes se había cansado era de los que mandaban en el país en nivel ejecutivo, desde el plan de Agua Prieta. Calles desplazó la culpa hacia los diputados y senadores que él sostenía y que lo habían convertido en jefe máximo. La gente no reparó en la distinción, pues le daba igual quienes fueran diputados y senadores, ni percibió el mal que se hacía al Congreso con la no reelección de los legisladores. Por otra parte, mientras opere el sistema electoral bajo el imperio del instituto político en las condiciones actuales, la no reelección de diputados y senadores carecerá de eficacia, tanto como carecería su reelección indefinida. La no reelección de diputados y senadores, permite una cierta permeabilidad para que ciudadanos nuevos entren a formar parte del grupo gobernante. Este ha sido uno de los pretextos para hacer demagogia sobre la intervención de la juventud en la política nacional.

La decadencia del congreso como poder constitucional también se acentúa con la progresiva reducción de sus períodos de sesiones ordinarias y aún con la rareza con que se convoca a períodos extraordinarios. Del funcionamiento congresional en dos períodos durante el año, se ha pasado a uno sólo, con duración de cuatro meses, entre los que se encuentra el de más celebraciones, festividades patrióticas y días de descanso que es septiembre. También se cambió el horario de las sesiones. Anteriormente se sesionaba por las tardes y las reuniones solían durar hasta las altas horas de la noche. Ahora las sesiones se hacen durante la mañana, antes de la hora de comer y terminan por lo regular en dos y tres horas. Las sesiones no son diarias, sino dos veces por semana. De ello resulta que hay muy pocos días y pocas horas cada día para los debates. El presidente de la República se siente tranquilo cuando sabe que no se han reunido los diputados o senadores y que ninguna sorpresa desagradable puede ocurrir. Esto ha producido que las facultades de la Comisión Permanente, que actúa en nombre de todo el Congreso durante su receso, hayan aumentado, no obstante los debates que se tuvieron sobre su idoneidad constitucional y democrática, cuando se estableció definitivamente su existencia.

Reformas como esas, paulatinas pero constantes, unidas a la manera en que son manipuladas las elecciones de candidatos al congreso y las elecciones constitucionales de los mismos, han producido su silenciamiento en una proporción que parece superior a la que imperaba en los tiempos finales del porfiriato. El instituto PNR-PRM-PRI ha evolucionado concentrando el poder político en manos del presidente y cooperando en la destrucción de cualquier circunstancia que pudiera conducir a una descentralización o a una democratización verdaderas. Ahora el sistema creado parece mostrar que es más fuerte que la decisión que pudiera tomarse para modificarlo.

3. *Simbiosis y PRI-Gobierno*

El instituto PNR-PRM-PRI debe estudiarse en su forma y proceder reales, no a la luz de sus estatutos que no operan más que para dar legitimidad a lo resuelto de antemano. En esto, como en otros aspectos de la vida mexicana, se aprecia una disparidad manifiesta entre la ley y la realidad, entre la norma y la conducta, entre la palabra y los hechos.

El instituto político parece abarcar a todos los ciudadanos del país. Semeja una institución totalitaria, aunque ciertamente no alcance tales caracteres. Más bien se parece a las organizaciones políticas que para fines similares han surgido en países de estructura política primitiva o de un desarrollo más elemental que el nuestro. Como hemos escrito en otra parte, cualquier ciudadano mexicano que emprenda la actividad económica o social que mejor le acomode o que pueda realizar, lo hace sin darse cuenta de que pronto va a caer dentro de las filas del instituto y que será considerado como miembro de él sin que nadie le haya consultado al respecto. Si vive y trabaja en el medio rural, involuntariamente queda comprendido dentro de las organizaciones campesinas que automáticamente lo incorporan al instituto. Si abandona el campo por la ciudad en busca de trabajo y emprende una actividad de artesanía, de comercio, de servicios o como asalariado, sin que repare en ello se le considera como miembro de organizaciones que al final lo tienen por incorporado al instituto político. Si como habitante de una ciudad se hace obrero fabril o de la construcción, comerciante en pequeño o empleado público, al final siempre quedará encuadrado en alguna organización que lo incorpore al instituto sin que él se dé cuenta. Los comerciantes medianos y los industriales modestos también pueden estar en el PRI sin saberlo. En todos esos casos su afiliación, o más bien, su absorción política, es inconsulta. El instituto envuelve a los ciudadanos de las más diversas actividades productivas, consuntivas y aún las de diversión y deporte. En cualquier caso el ciudadano será considerado dentro de alguna unión, sociedad o agrupación que con otras integran federaciones, y siempre habrá alguna manera de hacerlo caber dentro del instituto político. Sólo quienes disfrutan de alta posición económica o social pueden jactarse de pertenecer o no al instituto político por su propia determinación.

Comúnmente los ciudadanos quedan afiliados al instituto en forma colectiva, pasiva e inconsulta. Cuando a alguno le extraña ese encuadramiento y protesta por él, es señalado como díscolo o enemigo del régimen y hace peligrar sus actividades personales. En ciertos casos puede hasta perder su trabajo, ser expulsado de su sindicato o verse obligado a renunciar a su empleo oficial, si lo tiene. No es difícil que muchos ciudadanos de los que pertenecen a los otros llamados partidos políticos, incluso al PAN, sean también comprendidos estadísticamente como miembros del PRI.

El instituto político y el gobierno han formado una simbiosis. Ambos se sustentan de los mismos recursos, o mejor dicho, el instituto político vive del gobierno a cambio de los servicios que le presta en la manipulación de las elecciones, en la legitimación del poder y en el mantenimiento de la "estabilidad" nacional como fruto final de la centralización política. Entre ambos se ha creado una conjugación que hemos denominado PRI-Gobierno, por la forma tan entrecruzada que presenta. Los gastos del instituto son cubiertos por el gobierno, en ocasiones generosamente. Le presta bienes inmuebles para sus oficinas, le proporciona muebles, equipo de propaganda y los servicios de comunicación masiva. Nunca ningún candidato del instituto a un puesto elevado ha explicado de dónde obtiene los fondos para su propaganda personal, a veces ostensiblemente costosa. Por ello el candidato, su propaganda y el instituto dan la impresión de abarcarlo todo, de ser muy populares y de llegar con eficiencia a los más lejanos ámbitos de la colectividad. Al cubrir el gobierno financieramente el funcionamiento del instituto, hace que al final sea el pueblo el que pague la simulación democrática. Tal vez ello resultaría menos injusto si también se subsidiara al PAN, en un esfuerzo por fomentar un sistema de partidos en lugar del unipartidismo que impera. El gobierno mexicano ha realizado muchos esfuerzos para ir redondeando el sistema de centralización política y ahora como responsable del desarrollo general del país, debería emprender tareas concretas orientadas a la descentralización y al pluripartidismo como vía del progreso democrático.

Por su parte, las instituciones descentralizadas aplican también fondos suyos a la actividad política del instituto. Le traspasan dinero que debería ser destinado a otros fines, le imprimen propaganda, le prestan aviones y diversos vehículos, si no es que se los compran exprofeso y se los impropian. Ayudan también a sus dirigentes en diversas formas: con dádivas, ministraciones o sueldos por trabajos simulados, pago de comisiones por actividades no desarrolladas o permisos para abandonar el empleo con goce de sueldo y hacerse servidores del instituto de tiempo completo. Dirigen esos organismos y empresas los miembros de eso que podemos llamar, dentro de la idea de Galbraith, una tecnoestructura burocrática o burotecnoestructura. Los puestos directivos y ejecutivos que la integran se reparten por determinación del jefe del país. Ellos manejan fondos fiscales que pertenecen al pueblo, pero que a menudo son usados como si fueran de su propiedad.

Varios de esos organismos controlan a sus concesionarios por medio de asociaciones o uniones que fácilmente son empleadas para aumentar la propaganda del instituto político. Esos concesionarios, en general, podrían considerarse como formando parte de una iniciativa semiprivada. En realidad son favorecidos, beneficiados o estimulados por entidades públicas o descentralizadas y comúnmente se acogen a la política oficial del instituto para defender sus intereses o privilegios. Por ejemplo, los concesionarios de Pemex para vender gasolina, integran una asociación que se dice civil y ajena a la política. Cuando llega la hora, las gasolineras del país son adornadas con propaganda del candidato del instituto, a menudo especialmente diseñada. Lo mismo sucede con otros concesionarios del estado, como los de autotransportes. Estos reciben del gobierno la autorización para explotar una ruta vial y constituyen sociedades mercantiles de servicio público o asociaciones de permisionarios que, según sus estatutos, deben ser ajenas a la política. Pero, no obstante eso, en las épocas de propaganda electoral del instituto llenan sus vehículos con los retratos o nombres del candidato y emplean también para ese propósito los edificios destinados al servicio de pasajeros. Si no procedieran así, las dificultades administrativas con que tropezarían en las oficinas públicas o semipúblicas serían tantas, y de tal naturaleza, que podrían perjudicarse seriamente.

El instituto usa los espacios libres de los puentes en las carreteras y otras obras públicas para fijar su propaganda. Eso tiende a crear en el país una falsa imagen de popularidad. Se ofrece también a pintar las paredes de las pobres chozas rurales visibles desde los caminos, a cambio de inscribir en ellas lemas de propaganda con el nombre de los candidatos.

Para mantener el funcionamiento del instituto unipartidista mexicano, simbiótico con el gobierno e integrado en una estructura PRI-

Gubernamental, se sostiene todo un aparato de simulaciones. En primer término la propaganda insiste en que en México operan varios partidos políticos. En seguida, se enfatiza que todos los ciudadanos deben empadronarse y votar. Se señala que ha sido el PRI-Gobierno el que concedió el voto a los jóvenes de 18 años, sin el requisito de ser casados. En fin, cuando se mira ese aparato de propaganda parecería que México está viviendo una época activísima de democracia. Esa propaganda tiende a presentar, hacia afuera, la existencia y el funcionamiento de una democracia, no importa que en el interior se mantenga un régimen unipartidista, oligárquico y represivo.

Hacia el exterior, México aparece como un país en el que políticamente actúan varios partidos y en el que éstos intervienen en la esfera del poder conforme al número de sus miembros. En lo interno, hay un sistema de falsificación democrática, a base de un instituto político gubernamental que hace las veces de partido único y por medio del cual se realiza la manipulación electoral en todos los niveles. Bajo la máscara de democracia pluripartidista, el país está gobernado por una oligarquía ventajosa, aprovechada, dispendiosa y que ofrece muchos aspectos de corrupción.

El unipartidismo es una realidad en la política mexicana. Al revés de lo que algunos piensan, existe no por falta de actividad de los demás grupos, como partidos, sino por la imposibilidad estructural para que actúen y se desarrollen. Algunos de esos sedicentes partidos políticos son sólo adláteres del PRI y le sirven para justificar la fachada del pluripartidismo. El PAN, como grupo de oposición, ha quedado reducido, mediante el establecimiento de los diputados de partido, a ser un apéndice del PRI. De antemano se sabe que en la realidad nacional nada puede ocurrir adverso o contrario al sistema del PRI-Establecimiento. La tendencia que dentro de las filas del PAN a veces ha surgido en el sentido de no intervenir en las elecciones para no justificar los designios del PRI, tiene su sentido.

El PNR-PRM-PRI es un instituto político unipartidista tal como lo revela su funcionamiento. Los que han estudiado su evolución no se preguntan, por ejemplo, de dónde adquiere el instituto político los fondos que le son necesarios para la manipulación electoral, que es su función más destacada. Gasta mucho en manipular a la opinión pública por medio de la propaganda que constantemente hace en favor del régimen gubernamental del que forma parte. En esas tareas se erogan fuertes cantidades de dinero, sobre todo en los períodos de elecciones. Tampoco se han preguntado cómo, sin saberlo, en su gran mayoría los mexicanos son considerados como miembros del instituto. No investigan por qué en el instituto la afiliación inconsulta es ordenada desde arriba. En otros partidos extranjeros se ha dado la experiencia de afiliación colectiva, pero no inconsulta. En ellos siempre se dejó abierta la puerta a la decisión individual para separarse del partido sin que se lastimaran los derechos políticos o económicos, individuales o sindicales del disidente.

Nuestro instituto político es gobernado unipersonalmente desde arriba y sólo ofrece oportunidades a quienes el supremo mando señala. En sus altos niveles se aprecia mejor la forma en que funciona. El presidente de la República escoge a los gobernadores de los estados y designa a los demás funcionarios de importancia. A su tiempo, los gobernadores y esos funcionarios apoyan la designación que el presidente hace de su sucesor y lo promueven, dando la impresión de que ellos lo han escogido. El siguiente presidente vuelve a obrar de la misma manera y así se mantiene la oligarquía política unipartidista.

En la sociedad mexicana se ha extendido mucho la forma, manera y estilo de ser y funcionar del instituto político PNR-PRM-PRI. Sus procedimientos y estructuras, afinados a través de más de cuarenta años de existencia, han producido imitaciones en diversos sectores, actividades, asociaciones y organismos. Puede decirse que México se halla PRI-infiltrado en muchos aspectos de su vida. Los perfiles de centralización, jerarquía rigurosa, falta de respeto a la disidencia y desatención a los valores humanos auténticos, así como la preferencia por la sumisión, la adulación o el servilismo, se han extendido por doquier. Ciertamente se han difundido con mayor facilidad los aspectos más indeseables. El PRI ha señalado una pauta, un patrón de estructura y de proceder a otras organizaciones del país y es lamentable la manera en que se le imita. La PRI-infiltración de la vida mexicana ha agudizado la corrupción generalizada que origina graves desajustes. En cierto sentido puede decirse que México está PRI-contaminado.

Los ejemplos abundan. A la manera del PRI se integran y manejan las organizaciones campesinas y las obreras, las de clases medias, las de industriales y hasta las de banqueros. Aún en los ambientes intelectuales más alejados de la política se ha caído en ello. Por doquier invade el mismo sistema de resolución inconsulta que no inquiere el parecer de los grupos, comunidades, sindicatos, cámaras de comercio, instituciones culturales. Por todos lados domina la falta de respeto al pensamiento o al sentir individual. La voz o la decisión del jefe se recibe con acatamiento fetichista. Hacia arriba los jefes obedecen a sus superiores y hacia abajo ellos dominan, en escala jerárquica. La voz de los jefes secundarios se acepta en tanto que revela o puede trasmitir la del más alto y así sucesivamente hasta el supremo mandatario, que al final viene a ser uno solo: el presidente de la República. Este ha dejado de ser un funcionario que cumple un deber y sirve al país, para convertirse en un ser a quien todo hay que agradecerlo, como si en lo que hace gastara su propio dinero o lo hiciera con gesto providencial.

En 1968, un sector de la vida nacional, los estudiantes y profesores universitarios y politécnicos, y algunos intelectuales, disintieron expresa y ruidosamente de la voz del jefe supremo. Se opusieron a sus determinaciones y colocaron en tela de juicio la naturaleza sobrenatural de su autoridad y de su poder. El desenlace que esa oposición tuvo, es todavía la respuesta que pueden recibir los que así se atreven contra el sistema PRI-Gobierno. La violencia o la injusticia carcelaria han sido ampliamente aplicadas para preservar el PRI-Establecimiento. A los inconformes se les cerraron las puertas; otros que creyeron ejercitar derechos individuales inalienables hallaron la cárcel o la muerte.

Dentro del sistema vigente, cuando un obrero se opone a lo que ordena el líder, fácilmente se le convierte en traidor al movimiento sindical; si un industrial disiente de lo que dispone su confederación, sufre contrariedades en sus negocios y deja de recibir los beneficios que generalmente se conceden a los que obedecen; si un intelectual critica la política del país, corre el riesgo de quedarse aislado y ser acallado.

Los inconformes no pueden aspirar a una posición acorde con su capacidad o desarrollo personal, si no se someten a sub-grupos, y a mafias o a los pequeños y múltiples cacicazgos que pululan por doquier en la vida mexicana. Cada jefecillo tiene su esfera de influencia y la conserva sólo a cambio de subordinarse al superior o de adularlo. Este, a su vez, es fuerte en un campo limitado: su poder tiene la validez que le concede otro jefe más alto, hasta llegar al nivel supremo.

Son muchos los inconformes contra esa PRI-infiltración nacional, pero pocos lo manifiestan. No deja de ser peligroso, sin embargo, que las tensiones que se presentan contra ella lleguen a tomar cauces desagradables o inconvenientes. Esa inconformidad parece transcurrir, por ahora, dentro de esferas limitadas o silenciosas. El mayor daño que hace al país la PRI-infiltración es la carencia de expresiones críticas abiertas. El tipo de crecimiento económico y social que ha seguido el país, se ha convertido en una cuestión dogmática. Esos dogmas son fijados por los que ocupan los puestos principales de la administración pública. Ellos dicen lo que es válido. El que disiente se hace peligroso y se le considera instrumento de influencias políticas extrañas. De los funcionarios que los fijan, esos dogmas pasan al instituto político que se encarga de difundirlos como indiscutibles verdades. El desconcierto, las vacilaciones o contradicciones que se observan a veces en el ambiente oficial, provienen de que los funcionarios se turnan en el cargo cada seis años y no formulan ni siguen una política objetiva y constante, ya que el instituto mismo carece de ella.

El PRI-establecimiento ha agudizado la corrupción y la inmoralidad públicas. De ellas sólo se podrá salir mediante el libre debate en que las opiniones no solamente se emitan con libertad, sino que se valoren, aprecien y sean estimadas. La PRI-infiltración es la principal causa de limitación democrática de la vida política del país y de que hasta la minoría directora vaya perdiendo capacidad de decisión.

4. *La Oligarquía Mexicana*

Por su acomodo a como es y actúa el instituto político PNR-PRM-PRI, se ha ido consolidando la minoría nacional que dirige, gobierna, aprovecha y explota la vida nacional. Esa minoría es una oligarquía institucional aunque no adopte posturas tan reaccionarias como sus similares de otros países de Latinoamérica. Después de todo, en México hubo una revolución. La minoría que surgió de ella y permanece en el poder político, económico y social, ofrece algunos aspectos de movilidad y hasta posiblemente pueda, sin violencia, reducir sus privilegios. Con el crecimiento nacional se ha formado una clase media muy estratificada, aunque no es aún principal factor en la estructura social mexicana. En esa clase media hay sub-grupos con menores posibilidades y bajos niveles de vida. La gran masa, que comprende a la mayoría de la población, tiene niveles de vida que lindan con la miseria. Tal es el espectro de la sociedad postrevolucionaria.

En las escalas superiores, los grupos minoritarios privilegiados por el crecimiento forman la estructura oligárquica y están unidos en la misión de defender lo establecido. Los políticos que actúan cerca de los centros de decisión o que forman parte de la burocracia superior del instituto PNR-PRM-PRI; los altos funcionarios que operan como engranaje de la política en boga; los grandes agricultores, industriales, comerciantes y banqueros con ingresos superiores, son los principales integrantes de esa oligarquía. Por orden de importancia real, debería invertirse la ennumeración anterior. Esa minoría es apoyada por los militares de elevado rango, bajo el supuesto de que así defienden las instituciones, a pesar del recelo desconfiado y descontento de la joven oficialidad. Consideran amenazante o perjudicial toda inconformidad contra el establecimiento mexicano. A todos ellos se halla vinculado el alto clero católico que se resiste a aceptar las orientaciones del Concilio Vaticano II, no obstante la rebelión que ya se aprecia entre sus filas.

La minoría oligárquica se empeña en no variar el rumbo que lleva el crecimiento del país y aprovecha sus deformaciones. Ella gobierna, manda y decide. No hay en la denominación que le damos ningún sentido peyorativo. Cuando se está en presencia de un sistema de minorías que rigen en cada estrato social y que encadenan su acatamiento hacia la más alta, haciendo sentir su poder sobre las inferiores, resulta evidente la realidad oligárquica.

Lo que constituye el modelo para las demás minorías mexicanas es la burocracia del instituto político PNR-PRM-PRI. Ella es solamente el reflejo del poder unipersonal supremo que preside las actividades del gobierno y en extenso sentido, del país. "El señor Presidente" no es una expresión literaria ni acaso un modo de hablar respetuoso. En nuestra organización política adquiere el mismo sentido autoritario y mágico que en otros regímenes tuvo el tratamiento de "Su Majestad." Al pronunciarla se expresa a la vez temor, satisfacción, seguridad y confianza. Lo que manda, dice, piensa, aconseja, sugiere, ríe o burla el "señor Presidente" debe ser tomado necesariamente en cuenta por todos y en el mismo sentido, como prueba de aquiescencia. El es el símbolo de la jerarquía suprema. La manera en que hacia él se escalonan los niveles de acatamiento es la esencia de su poder. Quien se salga de esa escala jerárquica comete un error grave; quien objete su autoridad, toca los linderos de lo delictuoso; quien abiertamente la critique o aún la desprecie, es fácilmente tenido por traidor a las instituciones nacionales, con todas las consecuencias que de ello se derivan.

La oligarquía se nutre de privilegios. Una selva de ellos, pequeños y grandes, la rodean, preservan y aseguran su existencia. Facilidades o preferencias para los negocios, para alcanzar cualquier forma de prestigio, para cumplir con las obligaciones ciudadanas o fiscales y aún para cometer pequeñas infracciones sin consecuencias. Pero la base fundamental de que vive es la cuantía de sus ingresos y la posesión de su enorme riqueza.

Se ha estudiado la forma en que el capital nacional está concentrado en pocas manos, dado que el producto interno bruto ha crecido sistemáticamente desde que la revolución se convirtió en desarrollismo; también se toma en consideración la proporción en que se ha elevado el ingreso promedio por habitante. Pero cuando se estudia la estructura de la distribución del ingreso, se llega a la convicción de que se encuentra muy polarizado. Una parte reducida de la población posee la mayor parte de la riqueza y recibe la mayor proporción del ingreso. Dentro de ese sector, que es el privilegiado por el crecimiento, puede apreciarse que aun existe otro más pequeño y todavía más beneficiado. Hay dificultades para hacer el estudio estructural de ese pequeñísimo grupo, menor del dos por ciento de la población; pero si pudiera hacerse, seguramente se hallarían dentro de él más notables estratificaciones. Se vería entonces cuan pocos reciben la mayor proporción del ingreso. Esa pequeñísima minoría se hace cada vez más rica a medida que aumenta el producto nacional y crece el país.

En el resto de la población, especialmente en las clases medias, los ingresos no tienen una tendencia igualadora que pudiera ser la base de la formación de una extensa mayoría homogénea. Por el contrario, dentro del noventa y ocho por ciento de la población se forman muchos estratos en los cuales minorías relativas en escala descendente participan del ingreso con ventaja dentro de su grupo. La mayoría de toda la población, más del cincuenta por ciento, recibe la menor parte del ingreso y se halla en la pobreza. En los niveles inferiores, el ingreso está por debajo de toda proporción decorosa.

Esta apreciación no tiene nada de sentimental. Es un hecho objetivo al que se ha llegado por la deformación con que se han aplicado las políticas del crecimiento. La revolución, en sus orígenes, fue un movimiento contra la desigualdad espectacular que presentaba el porfiriato. Ciertamente nadie aspiraría ahora a una solución igualitaria; pero el compromiso que se contrajo fue elevar a los menos favorecidos a situaciones compatibles con la civilización. El resultado, que es el sistema actualmente establecido, contiene contradicciones graves. Las modificaciones concretas que deban aplicarse a la realidad actual, para ser eficientes tendrán que surgir del debate y del consenso mayoritario de los mexicanos. Tal sería la solución democrática en un régimen de sano desarrollo. En México ello no puede suceder mientras el instituto político PNR-PRM-PRI mantenga un sistema nacional de conformismo y de silenciamiento que produce la imposibilidad crítica. Las actividades silenciadoras son la autodefensa de los grupos minoritarios privilegiados.

De tiempo atrás vienen haciendo coro a la propaganda oficial quienes resultan ser los más beneficiados por el crecimiento. El gobierno y su política son motivo de amplios elogios por parte de banqueros, industriales y comerciantes de alto nivel que ponen énfasis en las cifras globales, pero no analizan su composición ni su estructura. Dan la impresión de que el país se ha convertido en un negocio que marcha a las mil maravillas y que constituye un "milagro."

5. *Las Deformaciones del Crecimiento*

Es opinión generalizada que el crecimiento mexicano se ha promovido de manera empírica, sin seguir un plan determinado y, sobre todo, dejando gran márgen de libertad a las fuerzas del mercado y a las inversiones privadas. La política económica y social que lo ha favorecido se ha ido configurando conforme los hechos se fueron presentando. Sus principales esfuerzos se llevaron a cabo en diferentes épocas y según la realidad los iba demandando. No obstante la ausencia de un plan, su éxito ha consistido en alcanzar una tasa anual, que hasta 1970 se había hecho histórica, de alrededor del 6%. Algunos consideraban que esa tasa probablemente se mantendría por mayor tiempo, aunque ya presentían señales de disminución.

Los elementos primordiales que impulsaron el crecimiento mexicano suelen señalarse de la manera siguiente: los efectos favorables de la reforma agraria, que por un lado rompió obstáculos en el uso generalizado de la tierra y por otro puso en manos de un gran número de habitantes los medios para aumentar su poder de compra; los resultados beneficiosos del comercio exterior, pues por algún tiempo existió fuerte demanda de productos mexicanos, lo que arrojó saldos favorables en la balanza comercial; los fondos enviados por braceros y los producidos por el turismo extranjero; y la industrialización manufacturera para sustituir importaciones y ofrecer en el mercado interior artículos producidos en el país. Esa industrialización absorbió un importante volumen de mano de obra y produjo un mayor aprovechamiento del mercado interno. También debe señalarse el efecto producido por la creación de la infraestructura nacional, que impulsó el mercado y puso al servicio de la población medios para intensificar la producción, el cambio y el consumo. Algunas de las obras que la constituyen son: las carreteras, el control, nacionalización y rehabilitación de los ferrocarriles, así como la construcción de nuevas líneas; las obras de irrigación y la organización de los distritos de riego; la mexicanización y expansión de la industria eléctrica y la producción petrolera nacionalizada.

Por su parte, la política fiscal alentó el ahorro y la inversión concediendo un mejor trato a los tenedores de capital, aún con perjuicio de los trabajadores; procuró una estabilidad monetaria, aún con perjuicio de las inversiones y con afectación de las importaciones; creó una protección arancelaria a favor de las industrias, aún con perjuicio de los consumidores; buscó y obtuvo créditos exteriores, aún con el riesgo de incrementar ampliamente la deuda pública.

La concentración fiscal favoreció el crecimiento industrial en algunas zonas, como la capital de México, Monterrey y el Norte, Guadalajara, Puebla y Veracruz. En general, los industriales se han establecido cerca de los mercados de consumo, que son principalmente las ciudades mayores. El mercado de esas zonas ha crecido a medida que esas ciudades se desarrollaron. Progresaron los centros de crecimiento urbano, demográfico, económico y político, justamente dentro de la tendencia concentradora.

Ante el buen éxito alcanzado en las primeras décadas, y sobre todo después de los treintas, muchos optimistas creyeron que México era teatro de un "milagro" económico y que su crecimiento continuaría hasta lograr el "despegue" y luego la prosperidad lo mantendría siempre dinámico y autosuficiente. Pero ya en la década de los cincuentas, surgieron dudas sobre su salud e idoneidad.

Para 1968 el crecimiento mexicano había demostrado ya claramente sus deformaciones y debilidades. Se fueron haciendo patentes muchas contradicciones del sistema creado, apareciendo lo profundo de la inconformidad social que se iba generando y que amenazaba ya su punto de apoyo político primordial: la estabilidad.

Las circunstancias deformantes del crecimiento condujeron a una serie de contradicciones entre una política oficial que tendía a petrificarse, empeñada a toda costa en el mantenimiento de lo establecido y los defectos estructurales y funcionales del crecimiento mismo. He aquí algunas tomadas sólo como ejemplo.

El sector agrícola mostraba baja productividad y abundancia de mano de obra desocupada. El atraso de la vida rural se acentuaba necesariamente por la politica económica que favorecía el desarrollo urbano e industrial. Se mantenía, hasta cierto punto artificialmente, un apaciguamiento que impedía la expresión de inconformidades y se fomentaba una agitación constante sobre la seguridad de las propiedades, lo que originaba desorden y descenso de la inversión agropecuaria.

La población nacional en crecimiento acelerado producía un aumento constante de la población potencialmente activa, como mano de obra desocupada y sub-ocupada. La política oficial aceptaba llanamente que una mayor población engrandecería la economía del país. Pero el sistema económico nacional no estaba capacitado para absorber esa mano de obra y así aumentaba la población pobre y marginada.

El ingreso desigual e injustamente repartido daba más beneficio al capital que al trabajo y así los ricos acrecentaban su riqueza mientras las clases medias permanecían estacionadas o con tendencia a descender y las clases bajas no mejoraban. La política financiera y económica, defendida calurosamente por los sectores privilegiados, consistía en mantener la diferencia en el reparto del ingreso—dizque para favorecer el ahorro y la inversión—; en proteger arancelariamente a la industria, en enfatizar el crecimiento urbano y en pedir prestado al exterior.

El comercio exterior se venía contrayendo. La política que se seguía era sólo de protección arancelaria, lo que no impulsaba la evolución de la industria, el pleno aprovechamiento de la capacidad instalada, ni el mejoramiento de la producción.

La balanza de pagos estaba amenazada de desnivel. Frente a ello, la política que se sostenía era esperar que el ingreso turístico y los préstamos provenientes del exterior la nivelaran, sin que pudiera asegurarse que uno y otro se mantendrían en proporción suficiente. Esto sin tomar en cuenta la competencia mundial en el primer caso y el peligro de mayor dependencia del exterior en el segundo.

Se decía que la "estabilidad" sustentaba el desarrollo nacional, pero las tensiones que la deformación del crecimiento había creado aumentaban progresivamente y la amenazaban. La política era procurar que las inconformidades de los sectores de población menos favorecidos fueran acalladas por la fuerza, por el aplazamiento de las soluciones, por la propaganda dirigida o por el ejercicio del poder político en formas dictatoriales.

6. La Actitud Crítica

La propaganda oficial hasta 1970 había escogido como tema favorito para sus actividades, los logros globales del crecimiento y cada una de las obras, instituciones, plantas o inversiones que se habían venido haciendo por el gobierno o por los particulares con su apoyo o simpatía. Se había convertido en un lugar común el atribuír todo lo bueno a la obra del gobierno o a su política. Brillaba como instrumento ejemplar para mantener la "paz" y "estabilidad" sociales, así como para demostrar la "madurez" del país, el instituto político PNR-PRM-PRI. Esa propaganda era fuertemente optimista sobre el presente y el futuro.

Sin embargo, lentamente surgió, en diversos niveles y en distintos lugares, o con motivo de temas diferentes, una actitud crítica. Nació primeramente en los sectores de izquierda, pero fue creciendo y abarcó pronto a muchos intelectuales de ideas políticas moderadas o de posturas puramente científicas.

Estos críticos fundamentalmente reconocen que el país ha alcanzado indudables logros, pero seguramente menores de los que podría haber tenido si se hubieran aplicado medidas más certeras y convenientes. Sesenta años de revolución y cuarenta de crecimiento sostenido desde los días de Cárdenas, son considerados muchos para lo que se ha alcanzado. Y por otra parte, pretender esperar otros sesenta para tener una economía dinámica y consolidada, parece largo para un pueblo que al principio del siglo XX hizo una revolución social profunda. Los críticos concentraron sus reflexiones en varios aspectos: en la lentitud del desarrollo, en las injusticias que ha creado y, sobre todo, en que vistos sus extremos en una amplia perspectiva, parece surgir dentro de la economía mexicana una tendencia al estancamiento, al aumento de sus deformaciones o, por lo menos, a una baja peligrosa, de no corregirse su dirección y modularse mejor algunos de sus aspectos institucionales y el conjunto de la política económica.

La crítica surgió primero como una demanda de justicia social, al considerarse la escasez con que el crecimiento ha favorecido a las mayorías y la gran cantidad de habitantes que viven en condiciones no compatibles con lo civilizado. Por su desigual distribución, los beneficios se han concentrado en una minoría privilegiada, cada vez más pequeña. Esto impresionaba a muchos. Pero una corriente despojada de todo sentimentalismo o partidarismo ideológico tendía a efectuar, de manera objetiva, el análisis de las perspectivas concluyendo que en algunos de sus aspectos comenzaban a darse muestras de agotamiento, siendo preciso revitalizarlos mediante la introducción de cambios en la política económica hasta entonces seguida. En suma, la crítica se concentraba en el análisis de los resultados objetivos del crecimiento nacional y en sus proyecciones a corto y a largo plazo. En ambos casos, se concluía que estaban fuera de lo estrictamente económico las medidas convenientes o necesarias que deberían tomarse, ya que se hallaban en la esfera política. Sólo decisiones políticas fundamentales podrían abrir el camino del desarrollo.

En general los críticos han señalado algunos de los aspectos que hacían perder dinamismo al sistema. Ante todo, los factores externos y, especialmente, el comercio exterior, dado que las facilidades que había habido para exportar en años pasados, han decrecido. Ello se debió, por una parte, a que las demandas creadas por la Segunda Guerra y la de Corea terminaron y, por parte, a que las exportaciones mexicanas se mantenían ligadas a los artículos primarios y agrícolas, cuya demanda exterior y precios habían descendido. Por otro lado, la exportación de artículos manufacturados no se había desarrollado debido a obstáculos externos y porque la industria nacional no producía para los mercados exteriores. La producción manufacturera interior venía trabajando sustancialmente para sustituir importaciones, operando a costos no competitivos con los internacionales. Las plantas mexicanas habían aprovechado las condiciones proteccionistas y producido hasta un cierto volumen, descuidando la calidad y la reducción de sus costos. Por eso tampoco podrían competir con los productos similares de otros países, aún en el caso de que su exportación se facilitara. Para reducir estos costos se requerirían cambios industriales y tecnológicos onerosos y que sólo podrían propiciarse a la vista de un mercado nacional más amplio.

La participación de las exportaciones en la economía nacional no mejoraba a pesar de tener las puertas abiertas de la ALALC. En realidad, ésta se mantenía semicerrada por obstáculos nacionalistas y por la similitud de nuestra producción con la de otros países que la constituyen. Nuestro comercio exterior con América Latina ha sido importante, pero no ha llegado y seguramente en las condiciones actuales no podría llegar a establecer los niveles necesarios. Los problemas internos de la producción manufacturera mexicana, su naturaleza y volumen, sus costos y calidad, son factores que dependen de la economía interior y no favorecen el aumento de la exportación.

Todo ello provoca en la balanza comercial un desnivel cada vez más pronunciado. Desde hace algún tiempo los factores adversos se agudizaban, además, por la diferencia tecnológica cada día mayor entre los países desarrollados y los que, como México, se encuentran en vías de desarrollo. El sistema mexicano tiene que importar los artículos industriales que necesita a precios cada vez más altos, mientras que sus exportaciones sufren, en cuanto a los precios, una tendencia a la baja que no puede corregirse con medidas internas.

El único factor externo que parecía mantener niveles positivos y aún en crecimiento, es el turismo internacional. De sus ingresos, el país ha estado obteniendo los fondos necesarios para equilibrar la balanza de pagos. Por otro lado, se temía que ese ingreso no pudiera mantenerse por mucho tiempo al mismo ritmo, además de que ya se encontraba seriamente disminuído por el gasto que los turistas mexicanos vienen haciendo en el exterior. Esto sin considerar la amenazadora competencia de las zonas turísticas que existen o se desarrollan en el Caribe, en Hawaii y otros países de Asia.

En vista del comportamiento de los factores externos en nuestra economía, había que volver la vista al mercado interior. Este mostraba muchos signos de debilidad. En primer lugar y por diversas causas no parecía factible su ampliación rápida en las proporciones requeridas. La producción agrícola no puede expandirse en la medida deseable debido precisamente al escaso dinamismo del mercado. De ahí que se afecte el ingreso de los agricultores, lo que a su vez, reduce en ese sector la capacidad para adquirir artículos manufacturados e industriales de producción nacional. En otras palabras, la industria mexicana no tenía un mercado más amplio porque las clases mayoritarias carecían de capacidad de compra suficiente. Esa industria, se repite, ha estado produciendo artículos, destinados a sustituír importaciones, pero la amplitud de la gama de esos artículos se ha reducido. En algunos casos el mercado se halla saturado y la capacidad industrial instalada se encuentra ociosa. Los precios de los artículos industriales mexicanos son a menudo más altos y los productos de inferior calidad a los similares del extranjero. La protección arancelaria ha favorecido el desinterés de los industriales por ajustar sus costos y mejorar la calidad. Esto impulsa al contrabando. La industria, por otro lado, no está posibilitada para dar el salto y emprender la fabricación de bienes de capital o de artículos duraderos que ahora se importan, porque requeriría el establecimiento de plantas con gran densidad de capital y mayor empleo de tecnología. Capital y tecnología han de ser importados, lo cual incide en la balanza internacional y amenaza la estabilidad monetaria y cambiaria. Además, las plantas requerirían para cimentarse un mercado interno mayor que el que ahora se les ofrece.

El mercado interior encuentra también limitaciones por la desocupación y la sub-ocupación, cuyas cifras crecen alarmantemente. El factor que más influye en ellas es el crecimiento de la población, cuya tasa es notable comparada con la mayoría de los países. Esa tasa entrega, año con año, un número de fuerza de trabajo disponible que no encuentra ocupación. En las condiciones actuales no parecería posible crear el número de empleos que se demandan. Por su parte, esa población, en tanto que activa y disponible, presiona sobre el mercado de trabajo y contribuye a mantener estacionados los salarios y el poder de compra de los ocupados, fenómeno que se aprecia más agudamente en las ciudades. En el campo, la fuerza de trabajo sin ocupación viene siendo mayor cada día. En ambos casos esa gran masa creciente de desocupados origina graves problemas, pues para fomentar el crecimiento industrial y absorber a la población disponible se necesitaría, como se dijo, que la industria realizara otro tipo de producción. La mano de obra debería tener un nivel mayor de calificación, el que no se alcanza con rapidez por la limitación y desorientación de los sistemas educativos y de adiestramiento. De ese modo, la gran proporción de mano de obra no calificada, además de presionar para estabilizar los salarios bajos, viene representando un peso difícil de arrastrar.

Uno de los grandes problemas que aquejan a la economía mexicana es el de las diferencias que caracterizan el reparto del ingreso nacional. Los análisis de la estructura de la repartición, concluyen que el grupo que recibe ingresos superiores es en extremo reducido. Las clases medias tienden a disminuir su participación en el ingreso y las bajas apenas alcanzan lo necesario para el sostenimiento biológico. De ahí que la concentración del ingreso en una minoría, tanto como la escasa participación en él de la tributación fiscal, aparecieran como problemas para revisarse a corto plazo. Tales circunstancias venían produciendo diversas consecuencias, aparte de la injusticia. Ante todo originaban que el sector público dispusiera de recursos fiscales insuficientes, de procedencia interna, para desempeñar el papel rector del desarrollo. Esa posición, que había sido una de las características más señaladas del Estado Mexicano en el pasado, la ha ido perdiendo en la medida en que el monto de su inversión ha disminuído respecto de la del sector privado, el cual ha obrado de hecho sin planeación ni control suficientes para evitar redundancias o errores diversos que, además de sus efectos políticos, reducen la eficiencia de las inversiones.

La concentración del ingreso en pocas manos y su repartición desigual entre capital y trabajo, fueron establecidos con el objeto de incrementar el ahorro privado y la inversión. Pero este aspecto también venía perdiendo su dinamismo original. El consumo suntuario de las clases privilegiadas no disminuía para destinar mayor proporción de ingresos a la inversión. Lo que ahorran las clases que reciben menores ingresos después de satisfacer sus necesidades, era poco. De ese modo, el propósito de favorecer el ahorro y la inversión privadas, aún con la desigual repartición del ingreso, se había deformado.

Al carecer de medios para mantenerse como promotor del desarrollo, el sector público tampoco podría redistribuir el ingreso nacional en forma suficiente para corregir la anormalidad. Los servicios de bienestar y de seguridad social, en amplio sentido, no alcanzaban el dinamismo ni las dimensiones requeridas. De ahí que para satisfacer las necesidades de la inversión pública se acudiera continuamente al financiamiento externo. Aquí también surgían signos de debilitamiento, pues las disponibilidades de crédito en el exterior no podrían ser ilimitadas ni suficientes para satisfacer nuestras necesidades. En algunos años, el monto de lo que tendría que pagarse por la deuda externa contraída resultaba ya superior a lo que se recibía por concepto de nuevas inversiones. Esto aparte de irregularidades y corrupciones.

La limitación de recursos del sector público venía reduciendo también sus posibilidades de extender y mejorar el sistema educativo. Por una parte era necesario reformarlo para producir mexicanos mejor preparados, más productivos y con mejores oportunidades de vida; y por otra, las instituciones educativas no alcanzaban a recibir el número de alumnos disponibles para entrar en ellas. Muchos de los estudiantes que lograban ingresar a las aulas no persistían en ellas por dificultades económicas que confrontaban en lo personal y familiar, y por la inadecuación del sistema educativo y de sus métodos de enseñanza. Sólo una minoría insignificante podía lograr terminar el largo camino de los estudios universitarios o tecnológicos. Eso no era bastante ni por su proporción ni por la calidad. Muchos jóvenes que han salido de los centros de enseñanza superior no han encontrado colocación en el mercado de trabajo.

La inversión en investigaciones científicas y tecnológicas que se sostenía en el país era insignificante, lo que se convertía en otro factor que limita el desarrollo. La mexicanización de la tecnología tenía que ser dilatada y difícil con la consecuencia de estrechar nuestra economía o de hacerla más dependiente del extranjero, más aún de lo que ya es por la magnitud de la deuda exterior.

Desde los años anteriores a 1968 se habían venido precisando y reiterando estas críticas. No pretendían hacer responsables de los defectos o errores a los titulares transitorios del poder público. Esas críticas eran más bien la presentación de nuevos problemas surgidos del propio crecimiento y de su incorrecta orientación. En efecto, una visión panorámica de la política económica seguida durante los últimos treinta años nos deja la idea de que había sido su dirección la que había originado las deformaciones. Si bien eso puede ocurrir con cualquier política que se ponga en práctica, lo que resultaba inaceptable en nuestro caso es que quienes la sostenían se aferraran a ella sin ponderar las observaciones que se le hacían. Las situaciones reales del país en 1968 no eran las de los años treintas en que comenzó el impulso económico sostenido ni mucho menos la de los cuarentas, en que cambió de orientación política. Los factores económicos y algunas variables han alcanzado otra significación relativa dentro del conjunto.

Se criticaba como inconveniente, por ejemplo, la centralización fiscal en manos del gobierno federal. Esa conclusión se volvía ahora dramática al apreciarse también que la participación del fisco en el ingreso nacional es baja y hasta tendía a disminuir. Por otra parte, los requerimientos para crear más y mejores servicios sociales y para llevar a cabo más y mejores inversiones públicas aumentaban con la población y la diversificación del crecimiento general. Ante esa limitación de recursos fiscales se presentaba la necesidad inaplazable de ocupar la mano de obra disponible y de procurar su mejor entrenamiento y capacitación. Así, la población creciente, el aumento de sus estratos inactivos, más servicios de asistencia y de bienestar necesarios y la urgencia de un nuevo tratamiento del sistema educativo nacional, colocaban al fisco en situación apremiante. Esto dificultaba cualquier intento de descentralización fiscal para que las entidades federativas y los municipios tuvieran mayores ingresos. La centralización nos conducía a mayor centralización.

También se criticaba la concentración industrial que se ha operado en unos cuantos lugares, dejando grandes vacíos en el resto del país. Aparte del Distrito Federal y sus zonas aledañas, está el ejemplo de Nuevo León, donde se puede apreciar la existencia de una gran ciudad y su zona industrial urbana en Monterrey y municipios limítrofes, mientras el resto del estado es casi un desierto. El caso de Jalisco parece también amenazante, aunque su concentración industrial en Guadalajara y cercanías dispone de un amplio mercado regional de fácil comunicación. Las plantas industriales se habían establecido cerca de la zona de consumo, donde además se habían concentrado la infraestructura disponible y la población. Descentralizar este complejo resulta un problema con pocas perspectivas de solución a corto plazo.

Como consecuencia de esas concentraciones, se había creado también la educativa y cultural. Los mejores institutos y universidades están en la capital nacional y ejercen una gran atracción hacia la población escolar de provincia que, al salir de sus regiones, a menudo no regresa, lo que origina una emigración de inteligencias para las zonas más ricas, tal como sucede en el orden internacional. La descentralización cultural y educativa habrá de crear problemas de locales, personal docente idóneo y capacitado e instalaciones apropiadas, que son difíciles de solucionar.

La concentración política, social y económica en el país, tendencia seguida por el gobierno mexicano como política general desde los años veintes, se ha convertido en un estorbo y amenaza con tornarse en un callejón sin salida institucional y pacífica, a pesar de que esa centralización ha sido el instrumento de la "estabilidad" y la base de nuestro crecimiento.

II. La Perspectiva

1. *El Círculo Vicioso*

PARA 1970 se hizo evidente que la vida económica y política de México se movía en un círculo vicioso. Pudo justificadamente hablarse de encrucijada; en realidad, cada factor adverso llevaba a otro semejante y todos desembocaban en problemas que repetían, en otro nivel, los que habían pretendido resolverse. Tal como se ha dicho que en el sub-desarrollo la pobreza forma un círculo vicioso: los pueblos pobres lo son porque son pobres. Cómo romper ese círculo e iniciar una ruta certera hacia el mejoramiento colectivo, es el problema que se nos presenta. El camino que se escoja conduce a un tipo de sociedad que constituye el modelo que da sentido al desarrollo. Ese camino es la estrategia que debe seguirse; las metas más cercanas e inmediatas van marcando la táctica de la marcha hacia el modelo.

El modelo mexicano había sido formulado lenta y pragmáticamente. Cambiando algunos extremos, acometiendo otros sin rigor ortodoxo, para los años cincuenta podía describirse como muy semejante al que se elaboraba teóricamente para los países latinoamericanos por los técnicos de la CEPAL.

Muchos fueron los problemas que el crecimiento así modelado fue creando y acumulando en el transcurso del tiempo. La estabilidad, fomentada primero y mantenida después a cualquier costo, produjo una inconformidad política creciente, protestas y represiones violentas, repetidas de tiempo en tiempo. El instrumento de esa estabilidad, el PRI, ocasionó hastío sobre los sistemas falsamente democráticos y fatiga por la reiteración del mismo grupo dirigente en lo social y lo político, acompañados del desagrado ante el ostensible contraste entre la palabra oficial optimista y prometedora, y la realidad. La inversión nacional y extranjera, tan consentidas, acabaron por hacerse poderosas y dejaron de suplicar, comenzando a exigir; y además, los inversionistas nacionales y extranjeros se hicieron cada vez más ricos, mientras la mayoría del país se hacía más pobre. La modernización de la agricultura en algunas zonas y sectores produjo una dualidad: una agricultura capitalista, industrializada, próspera, mecanizada, poseedora de las mejores tierras, capaz de absorber tecnología, dedicada a producir lo que fuera ganancioso, minoritaria, por una parte, y una agricultura de subsistencia, tradicional y estancada, con las tierras menos fértiles, con minifundio, sin crédito ni medios de comercialización, ampliamente mayoritaria, por la otra. La industrialización arribó a un sistema que ofrecía productos de menor calidad y mayores precios que los importables, lo que estimuló el contrabando y produjo y conservó las limitaciones en el desarrollo tecnológico, con la explotación de un mercado interno limitado, mantenido como coto propio. La nacionalización de algunas empresas, manejadas con mentalidad capitalista, fomentó una burocracia semioficial dispuesta al enriquecimiento rápido, que emprendía a menudo caprichosas inversiones, sin modernización tecnológica, o compraba tecnología casi de deshecho en otros países, y que creó grupos privilegiados de trabajadores que contrastaron con los demás. Las obras de infraestructura se hicieron sin estricta planeación, abandonando algunos renglones apenas emprendidos o inconclusos y comenzando nuevos ante la posibilidad de prestigio político o administrativo. Los préstamos exteriores crecieron mientras mucho dinero producido en el país se depositaba en bancos extranjeros, formando un endeudamiento público en forma exagerada, caprichosa y anárquica, por no decir selvática. La mano de obra, con salarios bajos, ante precios altos y devaluaciones, soportaba el peso del desarrollo, tanto en la ciudad como en el campo. Los servicios y prestaciones de salud, seguridad social y educación, estimularon el crecimiento demográfico y la creación de sectores de clase media en proporciones que han causado preocupación. Aunque el producto nacional bruto y otras cifras generales iban creciendo, no sucedía lo mismo con los promedios relativos. Mientras más mexicanos ha habido las cifras del ingreso por cabeza se mantienen bajas. Una tributación fiscal viciosamente limitada, ha impedido al sector público emprender los gastos necesarios para compensar las desigualdades.

Eso era un círculo vicioso. Más inversión siempre requerida, y mayores créditos del exterior; mayor dependencia y más altos servicios financieros. Ello, al final, significaba más pobreza. La planta industrial producía artículos caros, a menudo inútiles y de mala calidad, estimulaba el contrabando y el consumo suntuario por parte de la minoría de mejores ingresos. El mercado interior se estrechaba, tanto porque los bajos ingresos de la mayoría significaban pocos compradores, como porque los productos que se iban haciendo realmente necesarios para abastecer diversos aspectos del crecimiento no se producían en el país. De ahí una más alta importación y un desnivel adverso de la balanza comercial con acoso constante al valor de la moneda. La escasez de capital y tecnología nacionales, obligaban a obtener ambos en el exterior, con la consecuente elevación del saldo deudor de la balanza, compensada sólo con el ingreso turístico. La pobreza fiscal conducía al aumento súbito de impuestos, desplazados siempre sobre el consumo, presionando el mercado interno y afectando adversamente a las mayorías. La balanza de pagos desnivelada obligaba a más préstamos, y estos llevaban a mayor dependencia. La estabilidad económica venía a significar pues, lo mismo que bajos salarios y altas utilidades; defectuosa repartición del ingreso y mayor desigualdad; mercado interior estrecho; industrialización limitada; educación siempre deficitaria; dependencia del exterior; mayor liga con el dólar, constante amenaza de devaluaciones y de inflación y, por tanto, nuevas formas de pobreza. El círculo vicioso hizo inteligible la amenaza del estancamiento económico.

El estancamiento amenazaba más a las mayorías. Los reducidos grupos privilegiados, hallaron en el disfrute de su propio beneficio la razón del progreso oficialmente pregonado. Para ellos, la situación del país venía a ser la mejor posible, ejemplo para otros países y resultado directo de la revolución social de 1917 en la que verbalmente se seguía apoyando la minoría establecida. En efecto, estos grupos, mientras más favorecidos se fueron haciendo más defensores del statu quo, olvidando los propósitos de un progreso general, disimulando las deformaciones y esperando resolver los problemas lentamente y con medidas sin profundidad ni eficacia.

2. *Tentaleos y Vacilaciones*

Al entrar, en 1970, un nuevo régimen político que había iniciado su conformación poniendo énfasis en la defensa de lo establecido, repentinamente comenzó a escucharse por boca de sus funcionarios principales el propósito de hacer reformas en las estructuras políticas, económicas y sociales del país. Esas manifestaciones fueron en cierta manera tan repentinas y, por decirlo de algún modo, tan inesperadas y contradictorias con los orígenes políticos del nuevo gobierno, que causaron desconcierto primero, y han originado después una densa y oscura atmósfera de reformismo. Desde lo alto de la pirámide de funcionarios comenzó a descender un reiterado propósito de cambiarlo todo. Se habló en grande de reformar la hacienda pública, la estructura fiscal, la situación de las finanzas nacionales, la realidad industrial, la reforma agraria, la educación nacional, los sistemas de servicios sociales de la población y demás. En menores escalas y niveles, todo funcionario, por pequeña que fuera su fuerza o lo reducido de sus atribuciones, expresaba lo que había que reformar en su ámbito de acción. Al parecer, había llegado al gobierno un grupo que se proponía reformarlo todo, desde el sentido del tránsito en las calles, hasta los sistemas educativos y las formas de administrar los bienes nacionales; desde la vigilancia de los precios en los mercados pueblerinos hasta los grandes renglones de la industria, el comercio, la banca y las finanzas; la vida urbana, con su aglomeración de ciudades perdidas y problemas de salubridad, servicios públicos y habitación; la educación nacional en todos los niveles, desde el kindergarten hasta las profesiones superiores y la investigación de ciencia y tecnología; por supuesto, también parecía necesario reformar la vida política nacional, desde la vigencia de la tolerancia y la cesasión de la represión oficial, hasta las formas de elección y de gobierno. Parecía llegada la hora de realizar como un milagro la transformación del país, cambiar sus estructuras viciosas y retrasadas y sus sistemas caducos y productores de desigualdad e injusticia. Todo ello a veces anunciado y propuesto para un sexenio; otras, para un año fiscal y hasta para unas pocas semanas.

Pero si esos planes de reforma podían encontrarse en las palabras, discursos y decretos, la realidad diaria y las formas de vida y actividad ordinarias y conocidas no cambiaban. La distancia entre la palabra oficial y la realidad nacional, se hacía más grande. Lo menos que ha producido tanto anuncio de reformas no realizadas, es confusión y contradicciones. No pocas veces un funcionario ha pregonado lo contrario de otro y a menudo ha expuesto planes y propósitos de reformas que han sido negadas por el superior o desdichos por otro de cualquier extremo del cuadro burocrático.

Consecuencias negativas ha tenido el hablar tanto de reformas y el obrar con tanta timidez y vacilación para llevarlas a cabo. En los ambientes populares parece haber aumentado el desaliento, al ver que no cambia nada de lo que para ellos significa desigualdad, injusticia, opresión y pobreza. En los ambientes reducidos de quienes tienen mayor conciencia de las formas políticas usuales en el país, parece nacer la desconfianza respecto del camino seguido hasta ahora y de las posibilidades reales de transformación, apareciendo como posible la idea de que dentro del propio gobierno existe un conflicto cuyos extremos están, por un lado, en el grupo de elevados funcionarios que más hablan de reformas fundamentales y por otro lado, en el de otros funcionarios, altos o no, que se resisten a que esas reformas sean realizadas y se empeñan en mantener vigentes las estructuras y los sistemas tradicionales del establecimiento mexicano. En suma, desconfianza en la capacidad de mando de los dirigentes gubernamentales y en los verdaderos alcances de su poder para realizar las pregonadas modificaciones.

Si, como es posible suponer, ese conjunto de indecisiones y tentaleos constituye un aspecto de la lucha que tradicionalmente se realiza cada sexenio por apoderarse de todos los extremos del poder político, económico y social del país, en los dos primeros años de ejercicio de cada gobierno, bien podría pensarse que el régimen que se inició en 1970 llegó con menos elementos de poder que los anteriores y que le ha sido menos exitosa la lucha por dominar en todos los extremos de la vida nacional.

Desde otro punto de vista, podría decirse que este gobierno ha encontrado mayor resistencia que los anteriores por parte de los sectores que forman la minoría gobernante nacional, y que son los que sostienen la invariabilidad del sistema establecido. Casi puede afirmarse que en la medida en que algunos funcionarios del nuevo gobierno han puesto más énfasis en la necesidad de las reformas, la resistencia contra ellas, aún de parte de sectores oficiales u oficiosos, ha sido mayor. En ocasiones, parecería que el jefe del gobierno no es realmente obedecido a la manera tradicional mexicana, conforme a la cual ejercía un poder casi absoluto sobre el núcleo esencial de hombres que preside.

También es posible suponer que en esta ocasión hayan demostrado mayor fuerza y más intensa actividad, produciendo una mejor resistencia, los sectores próximos al específicamente político que son determinantes en el ejercicio del poder nacional, tales como el grupo superior de comerciantes, industriales, banqueros y, en general, de privilegiados por el crecimiento mexicano. Esos grupos han recibido inesperados y directos ataques verbales de los principales dirigentes políticos, pero en la misma medida han sido después considerados, consentidos y halagados, como para compensar lo virulento del ataque y para atraerlos al olvido de los agravios que se les pudieran haber ocasionado.

3. *Atonía y Reajuste*

Obviamente la tarea primordial a que tenía que enfrentarse el nuevo régimen político era romper el círculo vicioso que iba conduciendo al estancamiento nacional y a la agudización de problemas antiguos y nuevos. Eso significaría la búsqueda de una estrategia que condujera al país a corregir las deformaciones de su crecimiento, y a encauzar la rehabilitación de los sectores menos favorecidos o más perjudicados por el proceso nacional.

En primer lugar figuraba el problema de la centralización que en todos los órdenes del "progreso" mexicano se había realizado. Ciertamente esa centralización podía venir de muy atrás en el tiempo, pero era la causa de la concentración notoria de la riqueza en pocas manos, de las actividades productivas en pocas regiones y en algunos sectores. En seguida estaba la ampliación del mercado interior, el mejoramiento de la producción nacional, la consolidación de la planta industrial y la eliminación de la dependencia externa. Esto implicaba un mejor sistema de repartir el provecho obtenido por el esfuerzo conjunto de todos los mexicanos activos y hacer más vigorosa la participación fiscal a fin de capacitar al sector público para el mejoramiento de los servicios de bienestar social como otra forma de repartir riqueza entre los menos favorecidos.

Poniendo la mira en esos propósitos, mantener un presupuesto equilibrado, y cuidar que no se produjera una inflación para la cual las condiciones interiores e internacionales venían siendo muy favorables.

Las medidas que tomó el nuevo gobierno fueron abiertamente depresivas. Escogió los caminos más largos y complicados para romper el círculo del estancamiento. Contra el primordial propósito de no elevar los precios interiores, comenzó por hacerlo él mismo y asumir la responsabilidad de iniciar la cadena de reacciones que han levantado el costo de la vida. Con el propósito de no erogar las cantidades correspondientes al subsidio en el precio del azúcar, se subió éste y a la reacción alcista que se provocó pretendió responderse principalmente con medidas punitivas. La amenaza del alza de precios fué considerada como un hecho de contenido político, como una agresión contra el nuevo gobierno, atribuída a los sectores enemigos de él, colocando bajo ese rubro a los que representaban el sector comercial, bancario e industrial.

Para mejorar la situación de la balanza internacional se emprendió el estímulo a la exportación de manufacturas. Algunos productos estaban en la posibilidad de exportarse de todos modos. Pero una política con énfasis especial en la exportación, requería no sólo "ganar" mercados exteriores sino reformar la planta industrial nacional y responder a la competencia en calidad y precios dentro de los mercados internacionales. Por lo pronto, las innumerables misiones enviadas al extranjero en busca de mercados han implicado gastos importantes, no recuperables, y un súbito aumento de la burocracia con las debidas ampliaciones presupuestales.

Se ha dado un acento desproporcionado en los logros de la exportación mexicana a corto plazo, como si pudiera alcanzar dimensiones notables y se ha hecho una reforma a las leyes fiscales estableciendo impuestos al consumo, bajo el pretexto de gravar artículos de "lujo". Por otro lado, a los ahorros logrados por la población y depositados en las instituciones de crédito, se les disminuyeron las ganancias elevando los impuestos. Tales fueron las medidas que se tomaron, además de elevar los salarios y las cuotas del seguro social. Esto impulsó el alza de precios de los artículos consumidos en el interior. Ante ese hecho evidente, el recurso mayor que se puso en juego fue disminuír el monto de la inversión pública, originando una reducción importante en la cuantía de la inversión privada. El presupuesto no se ha mantenido equilibrado, ni siquiera se han empleado siempre sus partidas para lo que estaban destinadas originalmente; se han emprendido inversiones recuperables a muy largo plazo o definitivamente irrecuperables.

Se erogaron de immediato sumas que se decían importantes para recuperar como verdes y fecundas las zonas áridas del país, que son muy extensas. Las obras, no bien definidas, principiaron por llevar altos salarios pagados por el gobierno a esas regiones deprimidas e improductivas. Se anunciaron obras en zonas de población preponderantemente indígena con la mira de incorporarlas a la actividad económica nacional y de mejorar su situación humana. Por otra parte, se destacaron como obras importantes las de fomento de las zonas turísticas, con el argumento de que el turismo es el renglón más elevado de las exportaciones mexicanas y cuyos ingresos compensan la balanza de pagos y defienden la moneda de una devaluación oficial aunque de todos modos pierda valor real. Para afrontar la gran empresa turística ha sido necesario solicitar préstamos aumentando el endeudamiento externo.

Los proyectos de inversiones oficiales, según las promesas de transformaciones que se han hecho en todos los órdenes, sumarían muchísimo más dinero del disponible para llevarlas a cabo. Además, no siempre se emprendían las inversiones de que se hablaba. En realidad se restringían la inversión y el gasto públicos, y se destinaban fondos a una serie de nuevas comisiones creadas para iniciar los estudios que requerían los cambios reiteradamente anunciados.

Pronto se vió que esa política hacía declinar la actividad del país. En realidad se iba deteniendo su crecimiento, aunque para algunos ello no fuera sino el efecto normal en todo cambio de gobierno. Al describirse el fenómeno y considerársele en sus efectos más visibles se le denominó "atonía"; después los funcionarios hacendarios han sustituído a veces esa palabra por "reajuste", expresión que ya había estado en boga en los días del presidente Ruíz Cortines. Al principio pareció que podría atribuírse la atonía a la "rebelión" del sector privado de la economía nacional, contra el que se enderezaban los más diversos ataques. Más tarde, como para que los funcionarios hacendarios no parecieran haber sido sorprendidos por un fenómeno que no habían querido provocar, ellos mismos asumieron la responsabilidad de la atonía y expresaron que había sido un fenómeno conscientemente creado por el gobierno, como punto primordial de la nueva política. Atonía o reajuste, en realidad ello significaba frenar al país con la casi imposible expectativa de que el costo de la vida no subiera, pues éste ha sido el principal efecto contradictorio con la política postulada que más la ha desmentido en sus propósitos.

Quizás la nueva estrategia debería haber consistido en tratar de romper el círculo vicioso del estancamiento, sin acentuar éste; es decir, manteniéndole al país su movimiento económico o incluso acelerándolo. De lo contrario, frenar la inversión, disminuir la importación de bienes necesarios para el desarrollo, acortar los gastos, elevar los impuestos que eran desplazados sobre el consumo y mantener, en otros renglones, fuertes gastos de subsidios, sólo podían contradecir el propósito primordial. Imponer una paralización económica nacional para nivelar la balanza, podría ser más o menos sencillo, pero no era el objetivo original enunciado; aumentar los ingresos fiscales con impuestos al consumo y otros que se transladaban a los consumidores, elevando el costo del diario vivir, tampoco era congruente con la política inicialmente expuesta. Pretender repartir el ingreso entre los menos favorecidos, aumentando también el costo de su vida, acababa por anular el beneficio. Luchar contra el contrabando disminuyendo los impuestos de importación no era un acierto notable, pues si bajaran todos los impuestos de los artículos deseados por los consumidores del contrabando, ya no sería operante éste, pero los altos impuestos rebajados perderían su causa y aparecerían incomprensibles. El sector público se convirtió en importador de muchos alimentos que en la frontera norte se compraban en las tiendas de las ciudades norteamericanas; eso no hacía disminuir la importación. Tampoco los impuestos más bajos en los artículos de contrabando significaban que su consumo disminuyera. Mientras más funcionarios se colocaban en las aduanas, más compleja y extensa se hacía la labor de la corrupción, que tenía que atender a más personas beneficiadas con las mordidas y las gratificaciones de los viajeros.

Los teorizantes de la nueva política económica han ido siempre más lejos en sus optimistas afirmaciones que los resultados de la misma. Acuñaron una frase que pusieron transitoriamente en boga: buscamos un desarrollo que reparte, en lugar de un crecimiento que concentre. Pero la amplitud de las medidas que podrían corresponder a esa expresión no se han puesto en juego claramente.

Es seguro que no podrá conducir a un "reparto" más amplio el aumentar los salarios, desde los básicos a los de mayor nivel o ampliar las contribuciones para la seguridad social ni aún incorporar mayor número de derechohabientes dentro del sistema, sin mejorar los servicios. Tampoco lo podrán lograr el crear nuevas aportaciones generales para habitación de los trabajadores ni otras medidas semejantes, si no hay una mayor producción, mayor ocupación, más amplio mercado y una política financiera que no sea restrictiva.

Las medidas tomadas hasta ahora sólo podrán llevarnos al encarecimiento disimulado o manifiesto. Por eso tuvieron prontamente una consecuencia natural: comenzaron a subir los precios de los artículos de consumo y de los servicios más usados por las mayorías.

Algunos de ellos se elevaron abiertamente, otros en forma disfrazada. Subieron los precios de los transportes; el pan se hizo más pequeño; las bebidas más populares costaron más y lo mismo ocurrió con los artículos textiles que usan las mayorías. Anteriormente podían conocerse los índices de precios en el país, los que eran publicados por las oficinas encargadas de procesar y estudiar las cifras; pero ahora esos índices han desaparecido y las fuentes anteriormente abiertas para conocerlos se han vuelto evasivas; en suma, ya no se publican, como si se tratara de cuestiones de alto secreto. Ello, además, dificulta la crítica tan solicitada oficialmente.

Algunos funcionarios han comenzado a emitir declaraciones sobre los resultados beneficiosos de la nueva política. Se dice que ha aumentado el ingreso fiscal, lo cual es posible; que han aumentado las inversiones, lo que es dudoso; que han aumentado las cifras del turismo, lo cual aisladamente nos dice poco; en fin, se afirma que los sacrificios que el país sufrió en 1971, han dado en 1972 los resultados apetecidos y los darán más de ahora en adelante. A la vez se ha notado una manipulación más grosera de las cifras. Oficialmente no se quería dar a conocer el monto del crecimiento del producto nacional para 1971, hasta que se llegó a la conclusión de que había sido menor del 4%, mientras que en 1970 había llegado al 7%. Las inversiones y el plan de obras públicas se anuncian, pero no se inician o no se llevan a cabo en forma sustancial. Ciertas obras se pregonan, pero no se emprenden. Los resultados de la actividad económica se comparan con 1971. Por la baja actividad económica de ese año, bien puede obtenerse una comparación ventajosa en que las cifras posteriores aparezcan en ascenso. Respecto de 1971, todas las cifras pueden resultar mejores; si no fuera así, delatarían una catástrofe. Comparado con aquel año, puede decirse que hay más inversión y más gasto, más producción y más exportación. Pero sólo se toma el año de 1971 como referencia cuando se quiere presentar una comparación de aspectos positivos. Se dice que bajaron las importaciones y que descendieron los préstamos; pero esos y otros son nada más los signos de la atonía. La comparación de las cifras con las de 1971, es una forma de manipulación que debe considerarse frente al silencio sobre el aumento de la desocupación, sobre el crecimiento del gasto administrativo, sobre el alza del costo de la vida y de la inflación.

Tal vez el camino adecuado para cambiar la política económica nacional y llegar a reformas hacendarias y financieras de fondo, hubiera sido comenzar por aprovechar lo que había y organizar las actividades que ya eran posibles dentro del sistema económico existente. El camino que se siguió, no ha rendido frutos apreciables y las metas se han hecho lejanas. Pretender repartir el ingreso, subiendo los impuestos y contribuciones con la consecuencia inmediata de un aumento de los precios, resulta un contrasentido; pretender nivelar la balanza de pagos con el ingreso turístico que a su vez requiere nuevas y grandes inversiones provenientes del exterior, directas e indirectas, y más réditos que aumentan el peso del endeudamiento, no parece el camino más conveniente; pretender nivelar la balanza comercial buscando mercados con la mira de aumentar las exportaciones industriales mexicanas, sin cambios sustanciales en la planta industrial y en el actual sistema de costos, calidades y precios, no es una meta certera; pretender ensanchar el mercado interior tratando de incorporar como compradores a las poblaciones indígenas, tampoco parece ser una senda apropiada; querer modernizar la agricultura y la ganadería emprendiendo a la vez un acelerado proceso demagógico sobre la tenencia de la tierra o pretendiendo volver verdes las extensas regiones grises de la árida superficie del país, no parece posible a corto plazo. La crisis nacional no era como para afrontarla con medidas de efectos lejanos y dilatados. Tal vez solo podía encararse de dos maneras: o con medidas radicales que hicieran saber a todos los propósitos claros y que trajeran un rápido cambio de estructuras, formas y sistemas, arrostrando valientemente los riesgos; o con cautela, para lo que hubiera sido necesario, en la primera etapa, la reorganización de lo existente y la utilización de lo ocioso o desaprovechado.

Al decir del propio Presidente de la República, el primer camino no podía haberse seguido porque su gobierno no provenía de una revolución armada, que pudiera romper bruscamente el sistema, sino que venía de un cambio dentro de los cauces en uso, y tenía que seguir los lineamientos de la estabilidad para emprender las transformaciones deseadas. Nunca, por otro lado, el gobierno ha definido claramente el cuadro de transformaciones buscadas y se ha limitado siempre a vagas afirmaciones sobre lo que se pretende hacer. Esa vaguedad ha conducido a que muchos consideren que la política que se sigue es vacilante y consiste en tentativas a menudo abandonadas antes de haber rendido frutos.

Al recurrir a vagas afirmaciones, a medidas sin congruencia dentro de un sistema inteligible y coherente, el gobierno ha provocado el desaliento en muchos que podrían ayudarlo y poca determinación en sus propios funcionarios. Se ha seguido el sistema de hablar y aludir a muchos problemas, pero obrando poco en el sentido de resolverlos. Lentamente se ha llegado a dar la apariencia de que se está gobernando con retórica y sin acción definida y clara, en un país que es un caos de necesidades y un desordenado conjunto de corrupción e incapacidad.

4. Actitudes Contradictorias

La impresión que a menudo viene dejando el gobierno mexicano actual es que da un paso adelante y dos atrás. Si avanza, regresa al mismo sitio, y a veces hasta retrocede más aún. Es cierto que reclutó un buen número de hombres jóvenes para llevarlos a las funciones públicas. Lo lamentable ha sido que en mayor proporción de lo que se hubiera imaginado cualquiera, esos hombres nuevos vienen obrando como viejos, en cuanto que no se han atrevido a asumir una conducta realmente nueva que corresponda a la idea del cambio. En lo general, ejercida por jóvenes o por viejos, la actuación gubernamental ha dejado hasta ahora la impresión de ser contradictoria.

Los jefes de las dependencias que tienen que ver con las medidas represivas que había seguido el gobierno anterior, vienen obrando con los mismos lineamientos; es más, imponen medidas fuera de la realidad. El ejército se halla frecuentemente en estado de alerta. Ya es usual que en carreteras, edificios e instalaciones, se vean soldados "vigilando". Cuando se acerca cualquier fecha de las que el gobierno supone que podrían celebrar, conmemorar o lamentar los inconformes, se despliega la fuerza pública como para amenazarlos, haciéndoles ver que volvería a ejercitarse la represión. Medidas como la prohibición de que los ciudadanos puedan poseer armas en su domicilio para su defensa, lo que es un derecho conquistado en todos los países libres y civilizados, y que deben registrar las que tengan, no conducen a un clima de respeto de los derechos del hombre y del ciudadano. Los jóvenes procuradores de justicia han obrado como sus antecesores viejos, escamoteando la verdad, eludiendo la clara explicación de su conducta y no atendiendo, como deberían, a los que demandan protección frente a las fuerzas oficiales o semioficiales que proliferan en el país.

Tal ha ocurrido con motivo de los sucesos del 10 de junio de 1971. Se ha denunciado la existencia de elementos organizados y pagados por el propio gobierno que en esa ocasión obraron con violencia y crueldad contra los estudiantes para reprimir una manifestación. Con tal motivo, se señalaron muchos elementos importantes para una investigación, sin que las autoridades hayan hecho nada para llevarla a cabo. Cuando la crítica y la protesta contra esa omisión ha llegado a manifestarse ante los procuradores, éstos han contestado con ridiculeces y hasta con cinismo sobre lo lento de sus investigaciones y lo dilatado de la justicia demandada. La única afirmación oficial que se ha emitido sobre tales hechos consiste en afirmar que estaban dirigidos contra el gobierno mismo. Como eso lo afirmó el presidente de la República, se pudo interpretar desde dos posiciones. Los agredidos y víctimas, creyeron que el presidente se refería a sus propios enemigos dentro del gobierno; los agresores y cómplices creyeron que el presidente consideraba a los manifestantes como enemigos de su gobierno. En el extranjero, un funcionario destacado de la Presidencia de la República declaró que como consecuencia de los hechos del 10 de junio de 1971, Jueves de Corpus, habían salido de sus puestos cinco funcionarios del gobierno actual: el Regente de la ciudad de México, el Inspector General de Policía del Distrito Federal, el Procurador General de la República, el Jefe del Cuerpo de Policías Granaderos y el Presidente del Comité Ejecutivo Nacional del PRI. Dichas declaraciones pusieron de manifiesto que la ciudadanía mexicana no es digna de que se le informe por el gobierno con claridad, sino que debe recibir las noticias sobre su vida interior desde el extranjero. Ante ellas quedó también manifiesta la actitud contradictoria del gobierno y la del propio presidente en ese asunto. Al Regente se le aceptó la renuncia expresándole amistad distinguida; el Inspector de Policía fue llevado a un cargo importante de las finanzas oficiales; el Jefe de Granaderos quedó jubilado y el Presidente del PRI regresó al gobierno del Estado de Hidalgo. Este contradijo la declaración del vocero presidencial negando que él hubiera dejado la jefatura del Partido por los sucesos del 10 de junio y que él fuera funcionario del gobierno como presidente del PRI. Ninguna palabra o aclaración se le dió como contrarespuesta y por otra parte, en la conciencia nacional está que el presidente del PRI es funcionario del PRI-Gobierno. Hechos como esos dejan un resabio de contradicciones intranquilizadoras.

En otros casos podemos apreciar también las contradicciones. Surge la inconformidad obrera contra el sistema sindical oficialmente manipulado y que constituye uno de los pilares de la "estabilidad". Esas inconformidades parecían acordes con las palabras del presidente mexicano que habla expresamente de lucha contra el imperialismo y la dependencia extranjera. Cualquiera podría pensar que había llegado el momento para una revisión a fondo del sistema sindical mexicano y de la corrupta composición de líderes que lo tienen maniatado y explotado. Algunos sindicatos han asumido posturas independientes y se han esforzado por implantar y mantener la democracia en la vida interior de sus agrupaciones, como defensoras eficaces de los derechos laborales. Otros trabajadores consideraron que había llegado la hora de agruparse y fortalecer sus organizaciones obreras conforme a las leyes mexicanas, leyes que nuestro régimen gubernamental califica de avanzadas como ningunas en el mundo.

En cuanto esas acciones han tenido lugar, la respuesta oficial ha sido de apoyo a los líderes viejos y corruptos, con agravio de los sindicatos insurgentes, y de anular a las organizaciones sindicales emergentes en favor de otras formadas de acuerdo con los patrones expresamente en repudio del sindicalismo. Así, los trabajadores electricistas de la República Mexicana que se han empeñado en una lucha con todos los caracteres de un movimiento renovador y de elevadas miras sindicales y nacionales, encuentran obstáculos constantes, precisamente por parte de las dependencias y oficinas gubernamentales, dándose en cambio todas las facilidades a los dirigentes obsoletos. Los trabajadores y empleados bancarios tomaron muy en serio los discursos oficiales revolucionarios; pero encontraron obstáculos para organizarse en sindicatos conforme a las leyes constitucionales precisamente de parte de las autoridades. En cambio los que se dijeron enemigos del sindicalismo y manifestaron propósitos de agruparse en otra forma, de conformidad con los banqueros, incluso los de instituciones de crédito que dependen del gobierno nacional, hallaron prontos beneficios que no esperaban y prestaciones que los convierten en privilegiados ante la masa enorme de empleados y trabajadores de otras empresas e instituciones similares. Resulta contradictorio pregonar la democracia obrera y el fortalecimiento de los sindicatos, al amparo de la Constitución, por una parte, y por la otra que el gobierno actúe con los mismos vicios y las maniobras conocidas que han mantenido sujetos a los sindicatos de trabajadores, pretendiendo comprarlos con pequeños beneficios.

Un ejemplo más de contradicciones está en el problema del campo. Sabemos que es nuestro mayor problema en cuanto a escasa producción, alta desocupación, bajo ingreso, incremento de población, abandono de las zonas rurales, incomunicación y educación. Se habla de destinar grandes sumas al fomento rural. Al mismo tiempo se desata la demagogia sobre la tenencia de la tierra. Se habla de hacer una reforma agraria que sea también reforma agrícola; pero las inversiones que se requieren y la tecnología necesaria no aparecen y, en cambio, se crea inseguridad mediante procedimientos fuera de la ley. Antes de que llegue el estímulo a la producción, se incorporan al seguro social masas de campesinos que no reciben ni podrán recibir los servicios más elementales. Esos servicios no se prestan en forma suficiente o eficiente en las propias ciudades, mucho menos se podría hacer en las zonas rurales. Se elevan los precios de los insumos agrícolas y las imposiciones fiscales, como las relacionadas con el Fondo de la Habitación, que fue concebida originalmente sólo para las empresas industriales. De ese modo los pobres campesinos van a contribuír ahora para que los trabajadores de las ciudades puedan tener habitación propia. Todo ello crea un mayor peso sobre la economía del campo que en vez de hacerla surgir, es objeto de nuevas exacciones, carestías y deficiencias crediticias y tecnológicas. Se hace mucha publicidad respecto de las propiedades que habrán de repartirse conforme a las leyes ya corregidas de errores tradicionales, y, por otra parte, se reciben fincas, sospechosas de haber sido compradas a latifundistas, dando la impresión de que el cumplimiento de las normas agrarias no se hace con apego a las leyes, sino con pragmático acomodo y composición en que siempre salen bien librados los poderosos y los privilegiados.

Al referirse el gobierno a una de las reformas que más importancia tiene en el país y que debería ser indudablemente la primordial, la reforma política y, desde luego, la del PRI y del sistema electoral, se cae en contradicciones que desconciertan. En el primer año de ejercicio del gobierno actual, se citó a la Asamblea Nacional del PRI para una reforma. El cambio tan llevado y traído resultó un fiasco, pues se concretó a pequeños detalles sin importancia: que se incorporaran como principios del ideario del PRI, las "tesis" del Presidente de la República, que los jóvenes figuraran en las planillas de candidatos a nivel municipal, que se organizaran mejor las asambleas de los grupos municipales, locales y sectoriales del partido. Nada de ello significó una verdadera reforma. Ni las tesis son tales, ni las planillas electorales de regidores han dejado de incorporar algún nuevo elemento que así entra a aprender las primeras letras de la corrupción política, ni las reuniones o asambleas funcionan mejor porque no se reunen. Antes de que haya pasado otro año, nuevamente se ha llamado al partido a una reforma que ahora se dice será trascendente. Por lo que se ha expresado, nada de fondo se hará aparte de correcciones menores, que acaso sólo servirán de instrumento para la lucha entre el grupo que detente el poder y los que se le resisten o se le oponen dentro de la misma oligarquía gobernante. El gobierno afirma que lucha contra el complejo de intereses que se oponen a la renovación nacional; pero no repara en que ese complejo es el que lo llevó al poder y lo sostiene en él.

Entretanto, las nominaciones de candidatos a puestos de elección que ha venido haciendo el PRI, tienen los mismos vicios y las mismas características antidemocráticas de las que se hicieron antes de las realizadas y de las proyectadas reformas. Esa es otra actitud contradictoria, más aún si se hace notar que entre los encargados de elaborar las reformas, figuran muchos de los mismos que antes han actuado, practicando y aún aumentando, los vicios tradicionales que tanto se critican.

Observaciones similares se podrían desprender de otros asuntos. Se habla de cambios y en el momento de llevar a cabo labores para alcanzarlos, se presentan obstáculos y vacilaciones, que crean confusión y obscuridad sobre los propósitos y producen desaliento por lo pobre de las realizaciones.

5. Nuestro Modelo de Desarrollo

No es exagerado decir que en la situación política mexicana actual lo que se halla en lo más profundo de la crisis es la insatisfacción, el desaliento, el escepticismo y la inconformidad por el modelo de desarrollo que hemos seguido y por la proporción y forma que ha alcanzado nuestro crecimiento.

Nuestro modelo, como se ha hecho notar, se ajusta más o menos al elaborado para los países latinoamericanos por las agencias técnicas internacionales. Consiste en industrializar para substituír importaciones; en invertir ofreciendo ventajas al capital, nacional y extranjero, y solicitando créditos exteriores; en fomentar el ahorro interno dando facilidades y estímulos a los que pueden ahorrar, que son pocos, y que así forman un estrato que se enriquece distanciándose de la gran masa de población que se empobrece; en asegurar el mercado interior a la industria, que no alcanza las dimensiones deseables para un sistema moderno, mediante barreras aduanales que convierten al país en un corral económico de reducida importancia. Con un mercado de tan limitadas proporciones no es posible producir mejor ni más barato, pues se requeriría nueva tecnología y mucho más capital, los que deberían buscarse afuera con deterioro de la balanza internacional y con aumento de la deuda exterior. El sector primario, el medio rural y la producción agrícola, resisten gran parte del esfuerzo que requiere el crecimiento. En los buenos tiempos aportan artículos y materias primas que bien pagados rinden beneficios con los que se compran las plantas industriales. En las malas épocas, descienden la demanda y los precios de los artículos primarios, bajan sus exportaciones con mengua de la balanza comercial, en cambio aumentan las importaciones necesarias para la industria, y las estimuladas por el efecto demostración de otros sistemas avanzados. A la larga o a la corta, todo esto significa devaluaciones, dependencia del exterior, pobreza de las mayorías y bonanza de las minorías nacionales aliadas conscientemente o no con los intereses extranjeros.

Durante las décadas en que hemos trabajado para ajustarnos a ese modelo de crecimiento, las economías de los países desarrollados han tomado una velocidad extraordinaria, alejándose más y más de las condiciones económicas tradicionales. Se han abierto las distancias entre ellos y los menos desarrollados hasta un grado tal, que ahora ni poniendo buena voluntad podrán disminuír para levantar a los retrasados. El ritmo de desarrollo en los países de economía industrial superior ha llegado a ser tan rápido, sus recursos tecnológicos tan decisivos y los resultados de su actividad moderna tan espectaculares, que al parecer no podrán equiparárseles ya nunca los pueblos que se quedaron atrás.

No es exagerado afirmar que los países que actualmente se hallan en vías de desarrollo sin haber logrado las metas superiores, no igualarán en forma independiente a los ya desarrollados, a menos que en éstos se presentara una circunstancia anormal que les produjera un retroceso o paralización de carácter profundo y esencial. Los países desarrollados poseen los medios más amplios para aprovechar sus recursos y los de los países retrasados.

Ciertamente el tipo y la magnitud del crecimiento que han alcanzado los países altamente industrializados, amenazan ahora con la contaminación del ambiente y con perjudicar el medio ecológico en proporciones que han empezado a preocupar. Se comienza a hablar seriamente de que ese crecimiento por la vía de la sociedad industrial y de consumo va llegando a sus límites. Quizás esos peligros y daños contra el medio ambiente puedan eliminarse o anularse mediante esfuerzos tecnológicos fundamentales. En ese caso, el desarrollo de los países superiores continuará en planos más adecuados. Pero si tales países llegaren a la conclusión de que el camino del crecimiento que han seguido es erróneo, en cuanto ha conducido a producir tan graves consecuencias, y se dispusieran a cambiarlo, ello significaría que los países en vías de desarrollo deberían variar de rumbo a tiempo para eludir tan indeseables consecuencias. En suma, si los límites del crecimiento existen para los desarrollados, con mucha más razón tendrán que presentarse para los países en desarrollo, que caminan con retraso en el tiempo y en la tecnología.

El tipo de crecimiento económico y el plan o modelo que siguen países como el nuestro, ya no parecen satisfactorios. No nos ha conducido a lograr apropiadas condiciones de equidad y de distribución de sus frutos dentro de la población, ni a formas de libertad que propicien las mejores capacidades de la persona humana. Es más, suponiendo que la cuantía de capital y de tecnología que requerimos para ese desarrollo nos fuera realmente alcanzable en el decurso de una o dos generaciones, a lo mejor llegaríamos a metas ya abandonadas o de las que los países superiores vengan de regreso. Esto haría aún más ilusorios los objetivos que tanto nos esforzamos por ganar. Al llegar tarde al desarrollo industrial capitalista, llegamos también con retraso a sus propósitos finales o semifinales, en el supuesto de que pudiéramos obtenerlos en un tiempo históricamente posible.

El problema crucial para la generación mexicana que vive y para la que está por venir, es hallar el encuadramiento general de un tipo de desarrollo que convenga a nuestros recursos y a nuestras posibilidades históricas y culturales. No es la riqueza a la manera de los grandes países capitalistas, lo que podemos o debemos alcanzar. Hemos de perseguir una justicia general en términos en que la dignidad humana, la cultura y los ideales de nuestra sociedad, concierten con el nivel de abundancia que podamos tener dentro del sistema productivo que nos parezca más favorable. El desarrollo industrial conforme al modelo de los altos países, nos es distante y difícil. En lograrlo se nos irían muchos esfuerzos productores de injusticia y de opresión de las mayorías. Es posible que esos sacrificios no valieran la pena, comparados con sus resultados. Mucho menos si después de edificada una economía industrial capitalista de cierta importancia, debiéramos cambiarla para preservar el medio ambiente y la naturaleza humana misma, más valiosos que cualquier riqueza material.

Nuestro problema es, pues, hallar un modelo de desarrollo que sea compatible con las circunstancias de nuestro ser nacional, culturalmente concebido. Cuál ha de ser ese, tal vez podríamos definirlo dentro de un debate amplio y sereno, profundo, acometido con sencillez y modestia, calculando bien la medida de nuestras fuerzas y de nuestros recursos. Podríamos hallarlo después de comprender que muchas de las cuestiones que ahora nos dividen y no pocas de las ideas pregonadas por nuestros dirigentes, deberían ser sometidas a nueva valoración. Tal vez necesitáramos alejarnos de ideologías que provienen precisamente del deseo de alcanzar aquello que bien podríamos considerar inalcanzable o inútil.

Por ello los gobiernos en su actuación parecen que aplican sólo correctivos que no nos conducen a resultados apreciables, pues siempre queda la duda de si nos será posible llegar a tiempo a las metas de los países desarrollados. Vamos perdiendo una carrera que puede amargar nuestra voluntad y envenenar nuestro pensamiento. Seguramente hay otros modos de cimentar las bases de la convivencia mexicana, que no sean los que provienen del señuelo de alcanzar un crecimiento que siempre será menor y subordinado al de los altos países industriales, a los que pretendemos copiar.

Si logramos formular un modelo propio de desarrollo o, por lo menos, definir los cambios verdaderamente fundamentales que deben emprenderse para hacer menos dolorosa a la mayoría la vida general en la comunidad y menos escabrosas sus condiciones, entonces entraremos por una senda en que hallaremos el sentimiento de ser alguien nacionalmente y de poder alcanzar metas apropiadas para bien de todos. El sacrificio constante de una y otra generación, en aras de un tipo de crecimiento económico que ya se encuentra en crisis en el mundo, no podrá justificarse. Por ese camino acaso sólo seremos una de tantas comunidades que buscaron la prosperidad industrial cuando ella iba ya a significar poco en la cultura humana, que quisieron fundamentar en la riqueza material una libertad que los condujo a nuevas enajenaciones y esclavitudes.

Tal vez se estime que estas apreciaciones se hacen desde el terreno del pesimismo. Es posible que todavía por mucho tiempo estas ideas aparezcan utópicas para los mexicanos. Sin embargo, no hay nada de pesimismo ni de utopía en procurar los reales caminos de nuestra conformación como una comunidad dueña de sí misma, caracterizada por elementos culturales que debemos preservar y desenvolver.

La utopía está en creer que con correcciones fiscales menores, con nuevas plantas industriales en zonas ahora no industrializadas, con indígenas convertidos en proletarios, con escuelas profesionales destinadas al servicio de la industria y al desarrollo del capitalismo, con artículos mexicanos vendidos en el exterior o con mayor número de turistas visitantes, podremos llegar pronto a donde han llegado los países que hoy gobiernan el mundo. Si no hallamos la proporcionada medida de nuestras posibilidades materiales y le imprimimos todo el profundo contenido de nuestra cultura, no podremos organizar una sociedad realmente justa, justa conforme a nuestra peculiar manera de ser. Es tiempo de preguntarnos seriamente si todos, todos los países han de llegar a ser industrializados, si dejarán de ser rurales y agrícolas, si renunciarán a formas de vida que se hallan más en contacto con la naturaleza y si, dentro de su conjunto, nosotros llegaremos a ser tan importantes como para que se justifique el sacrificio que ahora hacen nuestras mayorías y el que tendrán que hacer las mayorías del futuro por mucho tiempo todavía.

Debemos tener conciencia de esa realidad, para que el desarrollo que alcancemos se apoye en la plena libertad y en la justicia y para que podamos obtener una riqueza común expresada por un estado general de bienestar individual y colectivo y por el desenvolvimiento de las potencialidades culturales que heredamos y que debemos proyectar hacia el futuro. Debemos procurar un sistema en que no se coarte la iniciativa individual, para la creación, el trabajo o la fantasía, pero que tampoco acabe por aprovechar o explotar en su exclusivo beneficio los recursos humanos, naturales y culturales de nuestro patrimonio.

Repito que está en crisis el tipo de crecimiento que hemos seguido y al parecer no encontraremos pronto el modelo de desarrollo que nos conviene. Este ha de tomar en cuenta las circunstancias de nuestro ser nacional, o, para no usar una palabra que tal vez llegue a perder significado, diremos mejor, nuestro ser de mexicanos. En ocasiones parecemos acercarnos a la formulación de una política que tome en cuenta estas circunstancias; pero pronto aparece el interés de los privilegiados que quieren seguir siéndolo y que nos llevan a preservar las condiciones actuales. Nuevamente volvemos a caer en el ensueño de perseguir una riqueza que ellos nos dicen que se encuentra a la vuelta de la historia actual, con sólo que aceptemos ciertas condiciones y renunciemos a algunas formas de libertad e independencia que tanto hemos dicho que constituyen la meta espiritual de la comunidad mexicana.

Se ha sugerido oficialmente que para eludir las contradicciones actuales debemos emprender un nacionalismo revolucionario. Con lo poco que eso significa, acaso ello sólo podría servirnos de guía mientras hallemos un camino más satisfactorio, que estará siempre más cerca del socialismo que de su contrario. Ningún nacionalismo revolucionario será doctrina permanente ni nos será útil más allá de una generación. No llegaremos muy lejos si creemos que el problema fundamental está en controlar empresas importantes que han de manejarse como negocios en manos gubernamentales. El sólo cambio de manos poco significa. Lo que importa es el cambio de objetivos que puedan darse a nuestros recursos.

La decadencia ideológica oficial en que hemos ido cayendo pesa mucho sobre nosotros. Después de una revolución emprendida por hombres que eran liberales, socialistas, capitalistas, estatistas, autoritarios demócratas, anarquistas y entre los que no emergió una filosofía social definida, dominante y duradera, hemos dado a la Constitución de 1917 interpretaciones a menudo oscilantes e indecisas. Eso explica que le hayamos hecho constantes agregados que a veces la contradijeron en su primitiva proyección, que a menudo la rectificaron o que simplemente le adicionaron textos que no merecían categoría constitucional.

Ante las cifras insatisfactorias de nuestra economía actual, se afirma que el desarrollo social no se mide por cantidades, sino que es cualitativo. Ciertamente las cifras no lo dicen todo y cuando se manipulan como suele hacerse, expresan menos aún. Pero ello no quiere decir que nada signifiquen. Las ciencias sociales y, desde luego, las económicas, han considerado las cifras como indicadores de tendencias o de procesos. No constituyen una verdad en sí, pero son instrumentos para descubrir y entender las realidades. Cuando las cifras son poco alentadoras como en el caso actual de nuestro país, los procesos sociales que señalan nos deben producir preocupaciones sobre el estado y futuro de nuestra comunidad. Cuando escuchamos que la detención económica que sufrimos está originada por la reorientación de nuestro crecimiento, nos preguntamos cuál es el oriente hacia donde ahora vamos. Ese rumbo, precisamente, es lo que no se ha definido todavía con claridad.

En todo caso, si llega a haber algun cambio profundo y verdaderamente revolucionario en nuestra vida nacional, ha de ser por la transformación de las relaciones fundamentales de la propiedad, de la producción, del trabajo, de la riqueza y del consumo.

6. Crecen las Tensiones

Muchos de los esfuerzos que ha realizado el gobierno actual han estado dirigidos a procurar el abatimiento de las tensiones que se han ido produciendo en el seno de la sociedad mexicana. En ocasiones se arroja la culpa de dichas tensiones sobre la actividad de los grupos de presión que representan intereses contradictorios. Hasta ha llegado a enunciarse la ingenua pretensión de que dichos grupos se encaucen dentro de los partidos políticos o que formen otros para institucionalizar la inquietud y hacerla menos peligrosa. Poco se ha logrado y se logrará en ese sentido.

Los grupos que reflejan su inconformidad con diversos aspectos de la vida social, se originan en la estratificación tan aguda que existe en la masa de desvalidos y explotados por el sistema imperante. Los mejor dotados y los que han logrado privilegios defienden su situación y aprovechan el status establecido. Una política de coordinación entre todos ellos, como la que a veces quiere seguir el gobierno, se topará siempre con que no es posible aglutinar factores que entre sí son contradictorios. Tienen que hallarse resistencias entre los que luchan por seguir rutas diferentes y aún opuestas. Un gobierno que pretenda basar su acción en un consenso general, sólo alcanzará a paralizarse, pues su actividad, no será fecunda en una gama tan compleja de intereses encontrados. El deseo de buscar consenso sin actuar entretanto, sólo conduce a la pérdida progresiva del impulso inicial que cada gobierno lleva consigo al entrar en funciones y que bien puede perderse en los primeros años de ajuste.

Por otra parte, una actitud de constante transacción entre el pasado inmediato del país y los requerimientos de su futuro también inmediato, produciría apaciguamiento en la acción gubernativa, lo que conduce al desconcierto. Hasta ahora, con las enmiendas vacilantes que se han emprendido, frente a la desmesurada expresión verbal de prometer cambios que no llegan y de transigir con las resistencias cuando apenas parecía que se había tomado un camino firme, lo único logrado es el aumento de las tensiones y la profundización de la crisis política en que han desembocado las indefiniciones, el dilema o las contradicciones que caracterizan a la sociedad mexicana actual. Políticamente, el gobierno no ha sido capaz hasta ahora de abatir las tensiones y, por el contrario, ha despertado otras nuevas y creado motivos adicionales de inconformidad, que pasajeros o no, han aumentado el desconcierto y el desasosiego nacionales.

Dentro de este panorama no se nos ofrece un paisaje alentador. Si se emprendiera una vigorosa acción hacia prontos cambios estructurales de importancia, tal vez se apaciguarían las inquietudes. El país ha llegado a un sitio en que el apaciguamiento significa solamente transacción entre los objetivos de cambio pregonados y las fuerzas y poderes sociales que se enfrentan a ellos. Esa constante transacción se convertirá en derrota sumiéndonos, por otro período más o menos largo, en nueva desesperanza y más injusticias y en componendas perjudiciales para las mayorías.

Una tradición nuestra fija en los primeros dos años de su ejercicio el período de ajuste que padece cada gobierno y con él, el país entero, cada sexenio. Tanteos, fintas, intentos fallidos, fuegos de artificio, se realizan durante los largos meses en que el gobierno se propone ganar la aquiescencia popular que no obtuvo en elecciones imperfectas y seudodemocráticas. Ese tiempo es el precio que el país paga al régimen PRI-Gobierno. Si después de los ajustes de los primeros dos años, el gobierno actual llegara a emprender un camino decidido en beneficio de las mayorías, sin detener el proceso económico, y capacitándose para llevar adelante cambios fundamentales en las estructuras apolilladas que presenta la sociedad mexicana, entonces será posible valorar el sentido y el significado que este sexenio gubernamental alcance en la vida nacional.

Por ahora no es tranquilizadora la perspectiva que ofrece el país a corto plazo y asimismo, es incierta y dudosa si la apreciamos a mayor escala y a mayor distancia.